सुभद्रा कुमारी चौहान ग्रंथावली

सुभद्रा कुमारी चौहान
ग्रंथावली

(कविताएँ)

1

संकलन व संपादन
रूपा गुप्ता

स्वराज प्रकाशन
नई दिल्ली

स्वराज प्रकाशन
4648/1, 21, अंसारी रोड, दरियागंज, नई दिल्ली–110002
दूरभाष : 011-23289915
Email : swaraj_prakashan@yahoo.co.in

प्रथम संस्करण : 2015
मूल्य : ₹ 2495
सम्पूर्ण सेट (दो खण्डों में)
ISBN : 978-93-83513-67-3
ISBN : 978-93-83513-69-7 (सम्पूर्ण सेट)

अजय मिश्रा द्वारा स्वराज प्रकाशन, 4648/1, 21, अंसारी रोड, दरियागंज, नई दिल्ली–110002 से प्रकाशित तथा ओम ऑफसेट, जगतपुरी शाहदरा, दिल्ली-110032 में मुद्रित

प्यारी बड़ी मौसीजी

स्व. रामबेटी गुप्ता

के

लिए

अनुक्रम

अन्य कविताएँ

बच्चों के लिए कविताएँ

भूमिका

भारतीय स्वाधीनता आंदोलन की पहली महिला सत्याग्रही सुभद्रा कुमारी चौहान का जन्म 16 अगस्त 1904 ई. (श्रावण शुक्ल नागपंचमी संवत् 1961) को इलाहाबाद के पास निहालपुर गाँव में हुआ था। निहालपुर में आ बसने के पहले उनके दादा ठाकुर महिपाल सिंह कड़े मानिकपुर के पास बसे लोंहदा गाँव के सम्पन्न जमींदार थे, जिन्होंने 1857 के प्रथम स्वाधीनता संग्राम में भागते हुए कुछ अंग्रेजों को छिपने की जगह न देकर दंडस्वरूप अपनी जमींदारी गंवा दी थी। उनकी जमींदारी उनके ही घर में इन अंग्रेजों को छिपा देने वाले अहीर को दे दी गई। ठाकुर महिपाल सिंह ने इन आश्रय मांगते अंग्रेजों के प्राण नहीं लिये थे। उन भागते हुए अंग्रेजों ने शरण न दिया जाना याद रखा, प्राण दान उन्हें याद नहीं रहा फलतः ठाकुर महिपाल सिंह विस्थापित हो पुनः जीवन संग्राम में कूदे। इन्हीं के बड़े पुत्र रामनाथ सिंह का 28 वर्ष की आयु में 9 वर्ष की धिराजकुँवर से विवाह हुआ। इन्हीं रामनाथ सिंह और धिराजकुँवर की आठवीं संतान थीं सुभद्रा कुमारी चौहान। सुभद्रा कुमारी चौहान कुल आठ भाई-बहन थे--रामऔतार, रामप्रसाद, महादेवी (बिट्टी), राजबहादुर (रज्जू), राजदेवी (रानी), सुंदर, कमला और सुभद्रा।

सुभद्रा कुमारी चौहान के पिता का व्यवसाय ठेकेदारी का था। उस समय की संयुक्त परिवार व्यवस्था में आर्थिक दायित्वों के सभी द्वारा बाँटे जाने की अनिवार्यता न होने के कारण एक बार विदा हुई सम्पन्नता फिर नहीं लौटी। परिवार ने बहुत-सी मृत्युओं का दुर्वह भार भी सहा। विशेषकर बड़े पुत्र रामअवतार सिंह की, जिन्हें अपनी बहनों को पढ़ाने का अद्‌भुत शौक था, प्लेग में मृत्यु का धक्का मर्मांतक रहा। इस धक्के का सर्वाधिक बोझ राजबहादुर सिंह को उठाना पड़ा। छोटे होते हुए भी रज्जू भैया का परिवार का मुखिया बनना बहनों के पक्ष में गया क्योंकि उन्हें भी अपनी बहनों को शिक्षित करने का रोग था जिसके लिए उन्हें कई प्रकार की बाधाओं का सामना करना पड़ा। इस प्रकार सुभद्रा कुमारी

मिला। बड़े भैया के सौजन्य से मिला यह 'सौभाग्य' सचमुच बहुत बड़ा था क्योंकि बीसवीं शताब्दी के दूसरे दशक में अभी भारतीय महिलाएँ महात्मा गाँधी के असहयोग आंदोलन की छाया में घर से बाहर नहीं निकली थीं। पाँच-छः वर्ष की लड़की का घर से निकलना बंद हो जाता था। पर्देदार इक्के में अंगरक्षक बनकर रज्जू भैया अपनी बहनों को स्कूल छोड़ने और लेने जाते थे। यूँ तो परिवार लड़कियों के पढ़ने के पक्ष में नहीं था पर राजदेवी के अल्पायु में विधवा हो जाने के कारण जीवन-निर्वाह का एकमात्र उपाय शिक्षा थी। फिर भी आसपास के लोगों की दुरभि संधियाँ चलती रहीं जिनका प्रतिकार कर इन लड़कियों को स्कूल भेजा जाता रहा किंतु पर्दे की व्यवस्था की कड़ाई में कोई ढील न थी। पाँच-छः वर्ष की सुभद्रा और उनकी चचेरी बहन गोमती को घर के पास सुनसान दोपहर में इमली के पेड़ पर झूला झूलने की सजा रामप्रसाद सिंह (छुटके भैया) ने उन दोनों के सिर आपस में भिड़ा-भिड़ा कर दी। इसी प्रकार सुनार से बहनों और अपनी पत्नी के कान छिदवा लेने पर वे उन सबों को गोली मार देने पर उतारू थे, माँ-पिता के बचाव करने पर अपने प्राण लेने पर तुल गए। घर की लड़कियाँ-बहुएँ छत पर नहीं जा सकती थीं, दरवाजे के पास खड़ी नहीं हो सकती थीं। घर का स्वामित्व पूर्णतः पुरुषों के पास था, स्त्रियों के पास बात-बेबात पिटने का अधिकार था फिर भी घर की परिस्थितियों के कारण उन्हें कभी-कभी अपनी योग्यता दिखाने का अवसर मिल जाता था।

सुभद्रा कुमारी के रज्जू भैया दूसरी मिट्टी के बने थे। अतः पढ़ने में कुशाग्र अपनी इस बहन के लिए उन्होंने अपना मेधावी साथी चुना। 1919 ई. में 15 वर्ष की आयु में सुभद्रा कुमारी चौहान का विवाह खंडवा निवासी ठाकुर लक्ष्मण सिंह से हुआ। लक्ष्मण सिंह स्वतंत्र विचारों के व्यक्ति थे, किंतु ससुराल पहुँचने पर सुभद्रा कुमारी चौहान को दरवाजे पर डंडा लिये जेठ मिले कि बहू घूँघट करने के बाद ही घर में घुस सकती है। 15 वर्ष की वधू ने मुख पर घूँघट खींच लिया।

मिडिल परीक्षा में सारे प्रांत में आठवें और लड़कियों में पहले स्थान पर रही सुभद्रा कुमारी चौहान के विवाह की बात चलने पर उनकी प्रधान शिक्षिका मिस मानकर ने उनका विवाह न कर उन्हें आगे पढ़ाने की सलाह दी थी। विवाहोपरांत लक्ष्मण सिंह ने भी उन्हें आगे पढ़ने के लिए प्रोत्साहित किया। वे बनारस के थियोसोफिकल स्कूल पढ़ने गईं पर 1919 ई. में गाँधीजी के असहयोग आंदोलन के कारण उन्होंने 1920 ई. में पढ़ाई छोड़ दी। दोनों पति-पत्नी स्वतंत्रता आंदोलन में जीवन भर सक्रिय रहे।

सुभद्रा कुमारी चौहान उन विरल साहित्यकारों में से एक हैं जिन्हें उनकी एक रचना ही अमर कर देती है। यद्यपि सुभद्रा कुमारी चौहान की वात्सल्य की कुछ

कविताएँ भी खूब लोकप्रिय हुईं, किन्तु इन कविताओं की कवयित्री का नाम जानते ही पहली बात मन में कौंधती है, ओहो! "खूब लड़ी मरदानी... ।" सुभद्रा कुमारी चौहान का नाम लेते ही "खूब लड़ी मरदानी वो तो झाँसी वाली रानी थी" कविता कानों में बज उठती है। सन् 1930 के बाद सुभद्रा कुमारी चौहान के पति लक्ष्मण सिंह चौहान सिवनी जेल में कैद थे। इसी जेल में नेताजी सुभाष चंद्र बोस भी थे। सुभद्रा कुमारी सुभाष चंद्र बोस से मिलने जेल गईं। उनका नाम सुनकर नेताजी ने कहा था, 'कौन सुभद्रा? वह 'खूब लड़ी मरदानी वह तो झाँसी वाली रानी थी' वाली सुभद्रा।' उनका पर्याय बन चुकी इस कविता के अतिरिक्त उनके 'मुकुल' (1930), 'त्रिधारा' (1935), 'सभा का खेल' (बालकाव्य) (1932) नामक काव्य संग्रह तथा 'बिखरे मोती' (1932), 'उन्मादिनी' (1934) और 'सीधे-साधे चित्र' (1947) कथा संग्रह हैं।

युगानुकुलता साहित्य की लोकप्रियता का एक महत्वपूर्ण कारक होती है, विशेषकर वीर रस की कविता। वीर रस की कविता के पात्र, बिंब और देशकाल भले ही अतीत से लिये जा सकते हों किन्तु उसका वर्तमान से सघन सम्बन्ध होता है। अक्सर इस रस की कविता के ओज की तात्कालिक आवश्यकता होती है। कारण चाहे जो भी हो राज्याश्रयी होने के कारण राजा की स्तुति से लेकर देश की पराधीनता के विरुद्ध खड़े होने का आह्वान पराधीन वर्तमान के स्वाधीन भविष्य के संघर्ष का आह्वान है। वात्सल्य और श्रृंगार बिना ऐसी किसी ऐतिहासिक आवश्यकता के भी साहित्य सृजन का कारण बने रह सकते हैं। संभवतः इसीलिए वीरता और ओज की कविताएँ काल विशेष में लिखी गई हैं। यह और बात है कि उनकी लोकप्रियता सर्वकालिक रही है।

सुभद्रा कुमारी चौहान के साहित्य सृजन की प्रतिभा जितनी जन्मजात है उसकी प्रेरणा उतनी ही समयानुकूल। गाँधीजी के इस देश के राजनैतिक परिदृश्य में अपनी उपस्थिति बनाने से पहले कांग्रेस का एक नरम अध्याय समाप्त हो चुका था। नागपुर के झंडा आंदोलन में जेल जाकर पहली महिला सत्याग्रही सुभद्रा कुमारी चौहान में इसकी स्पष्ट समझ थी। 22 सितम्बर 1937 ई. को सुभद्रा कुमारी चौहान एम.एल.ए. ने प्राइम मिनिस्टर द्वारा कांस्टीटयुएट एसेम्बली (विधान निर्माण समिति) का प्रस्ताव प्रस्तुत किए जाने पर अपने भाषण में इस दौर की स्पष्ट चर्चा की थी—"सारा मुल्क और उसकी कौमें कांग्रेस के जरिए अपना आत्मनिर्णय का अधिकार माँग रही हैं जिसके लिए पिछले महायुद्ध के समय बहुत शोर-गुल मचाया गया था। स्वर्गीय लोकमान्य तिलक ने हमें सिखलाया है कि स्वराज्य हमारा जन्मसिद्ध अधिकार है और हम उसको लेकर रहेंगे। महात्मा गाँधी ने उसी अधिकार के लिए हमें गोलियों की बौछार के बीच हँसते-हँसते बलिदान

होना सिखलाया है। हमने अपना ध्येय पूरी आजादी तय किया है, और उसको हासिल करने के लिए हमने, जैसा कि पिछले सत्रह सालों के राष्ट्रीय युद्ध से जाहिर है—बलिदान हो जाने की अपनी उत्कट भावना भी दिखा दी है।" यह भाषण 1937 ई. में 'कर्मवीर' (2 अक्टूबर, पृष्ठ संख्या 8) में छपा था। इस भाषण से सुभद्रा कुमारी चौहान की राष्ट्रीय आंदोलन सम्बन्धी समझ ही नहीं बल्कि अन्तर्राष्ट्रीय राजनीति की समझदारी भी स्पष्ट होती है।

भारतीय राष्ट्रीय स्वाधीनता संग्राम के विस्तृत ब्यौरे में जाए बिना सुभद्रा कुमारी चौहान के राजनैतिक जीवन का चित्रण थोड़ा असहज कार्य है। 1919 ई. में नागपुर के झंडा आंदोलन से राष्ट्रीय संग्राम से जुड़ीं सुभद्रा कुमारी आजीवन एक जुझारू कार्यकर्ता रहीं। 1919 से 1948 ई. में गाँधीजी की मृत्यु के समय उनकी अस्थि यात्रा के बाद उनके फूल सिराए जाने के सथान पर सामान्य जनता के जाने पर रोक लगाए जाने पर प्रशासन को उसका निर्णय बदलने के लिए मजबूर करने तक। यहाँ यह उल्लेखन करना अप्रासंगिक न होगा कि गाँधी जी की मृत्यु के ठीक 15 दिनों बाद 15 फरवरी 1948 ई. में उनकी परम अनुयायिनी सुभद्रा कुमारी चौहान का बसंत पंचमी के दिन देहान्त हो गया। 44 वर्षों के जीवन की इस मृत्यु का कारण लंबे राजनैतिक जीवन के संघर्ष की कठोरता और अनदेखी से रोग-जर्जरित शरीर ही नहीं, सपने की स्वाधीनता मिलने के बाद देश में छाया साम्प्रदायिक उन्माद और उस उन्माद की एक बहुत बड़ी कीमत गाँधी जी हत्या भी थी। महात्मा गाँधी की मृत्यु ने उन्हें निविड़ उदासी से भर दिया। उनकी पुत्री सुधा चौहान ने लिखा है, "इसके बाद तो उनके भीतर जो थोड़ी बहुत जीवनी शक्ति या जिजीविषा बची भी थी, वह जैसे एकदम बुझ-सी गई। उनके मित्र और परिचित दुःखी होने पर उनके पास आते थे कि उनसे बात करके उनके साथ बैठकर उनका मन हल्का हो जाएगा, अब वे स्वयं ऐसी पीड़ा की प्रतिमूर्ति बन गई थीं कि अपने बच्चों को, अपने घर के लोगों को अपरिचित-सी लगने लगी थीं।" (मिला तेज़ से तेज़)

गाँधीजी का सुभद्रा कुमारी चौहान एवं उनके पति लक्ष्मण सिंह पर अत्यन्त गहरा प्रभाव था। अपने विवाह के तुरन्त बाद से ही वे राजनैतिक जीवन में सक्रिय हो गई थीं। सन् 1921 के अहमदाबाद में हुए कांग्रेस अधिवेशन में सम्मिलित होने गए पति-पत्नी बा-बापू के दर्शन हेतु साबरमती आश्रम गए थे। सुभद्रा के एकदम सादा वेश को देखकर गाँधीजी ने पूछा था कि क्या वे अकेली आई हैं। सुभद्रा कुमारी के यह बताने पर कि वे पति के साथ हैं। गांधी दंपत्ति ने उन्हें उनके वेश पर मीठी फटकार लगाई और चूड़ी, सिंदूर तथा किनारेदार साड़ी के उपयोग के बाद मिलने आने को कहा। भारतीय स्वाधीनता संग्राम की बाद की

घोर निराशाजनक परिणति से उस युग की चरम आदर्शवादी दृढ़ता का अनुमान असंभव-सा जान पड़ता है। अपना सम्पूर्ण जीवन और प्राणों को होम कर देने वालों की गाथाएँ सुदूर अतीत की कपोल-कल्पित कथाएँ प्रतीत होती हैं। अपने दुधमुँहे बच्चों को निराश्रित निस्सहाय छोड़कर देश की स्वाधीनता के लिए जेल चले जाने वाले पति-पत्नी अब कल्पनीय ही तो हैं। जो वकालत कभी ठीक से की ही नहीं उसे तथा माँ-पत्नी बच्चों को छोड़कर तीन-तीन, चार-चार वर्षों के लिए जेल जाने वाले लक्ष्मण सिंह चौहान उस युग में विरले नहीं थे। ऐसे ही चरम त्यागी देशभक्तों के हर प्रकार के बलिदानों से देश को पराधीनता से मुक्ति मिली। हृदय के ये चरम उद्‌गार भावनात्मक शुद्धता के चरम उत्कर्ष के बिना असंभव है। इसलिए झाँसी की रानी को ही नहीं सुभद्रा कुमारी चौहान ने सामान्य स्त्रियों को भी उसी ओज से ललकारा—

पंद्रह कोटि असहयोगिनियाँ
दहला दे ब्रह्मांड सखी
भारत-लक्ष्मी लौटने को
रच दें लंका कांड सखी

पद्य में जो भाव तेजस्वी भाषा में अभिव्यक्त हुए हैं गद्य के क्षेत्र में वे सुचिन्तित विचार बन गए हैं अपने पूर्वोक्त भाषण में उन्होंने पद्य में कहा था, "बहुत से देशों की कांस्टीटयुएन्ट एसेम्बलियों के इतिहास का लंबा चित्रण करके यह बहस हमारे सामने आई है कि सन् 1931 और 1932 की राउन्ड टेबिल कांफ्रेंसों की बनावट में कांस्टीटयुएन्ट एसेम्बली के मूल सिद्धान्तों का समावेश ही नहीं था। फ्रांस की क्रान्ति के इतिहास से मैं एक अवतरण देने की इजाज़त चाहती हूँ। फ्रांस की राष्ट्रीय एसेम्बली ने जो मनुष्य तथा नागरिक अधिकार तय किए हैं उनमें यह ऐलान किया गया है कि, "वास्तव में सारी राजसत्ता का मूल स्रोत राष्ट्र ही है। राष्ट्र जाहिर तौर से जो अधिकार नहीं देना वह अधिकार किसी व्यक्ति को या व्यक्तियों के समूह को हासिल नहीं हो सकता।"

स्वाधीनता संग्राम की लंबी लड़ाई में अपना सर्वस्व फूँककर जेल, लाठियाँ, गोलियाँ, कुर्की सहते स्वतंत्रता सेनानी सुधार के रास्ते से ऊब चुके थे। आधी सदी से सुधार के रास्ते पर चल रहे हिन्दुस्तान के हाथ "गवर्नमेंट ऑव इंडिया एक्ट" ही लगा था। सुभद्रा कुमारी इस जाल को भली-भाँति पहचान रही थीं—"इसी बीच ब्रिटिश सरकार के कारखाने में हमारे लिए फेडरेशन की बेड़ियाँ तैयार की जा रही है और हमारे समझदार सलाहकार और हमारे सावधान सलाहकार हमें यह सलाह देते हैं कि उसे पहन लो, पहनकर एक बार देखा तो सही, कौन जाने एक बार

पहनने के बाद वह कोई जेवर ही साबित हो। ऐसे सलाहकारों को हमारा उत्तर यही है कि बस अब बहुत हो चुका। अब हम इस रूपहले फंदे में नहीं फँसेंगे। अब हम ऐसा शासन विधान नहीं चाहते जिसमें ''मेड इन इंग्लैंड की छाप लगी हो।''

भारत का स्वाधीनता संग्राम सुधार के निवेदनों-ज्ञापनों-प्रार्थनापत्रों पर लंबी अवधि फूँक चुका था और सुधारों की आशा में अधमरा हो चुका था। लंबे समय तक बिना परिणाम के कार्य करना ऊब उत्पन्न करता है। 'मा फलेषु कदाचन' अगर कठिन न होता तो उपदेश भी न होता। क्रान्तिकारियों की इसमें कोई आस्था न थी और सुधार की भूलभुलैया में पर्याप्त भटकने के बाद भारतीय स्वाधीनता संग्राम ने इससे किनाराकशी का फैसला किया। सुभद्रा कुमारी चौहान इस नीति को इस प्रकार व्यक्त करती हैं, ''इस प्रस्ताव का विरोध करने वालों की दलीलों में क्रान्ति के मुकाबले सुधार की भावना अधिक पाई जाती है। उनको कांस्टीटयुएन्ट एसेम्बली के नतीजे का डर है। उनकी तरक्की के रास्ते पर 'खबरदार रहो', 'सावधान रहो' की बड़े-बड़े अक्षरों वाली तख्तियाँ लगी हैं। लेनिन ने अपने एक सोने के महत्त्व सम्बन्धी लेख में सुधार के रास्ते को भूल-भुलैया कहा है। आपने उसके अंदर प्रवेश किया नहीं कि फिर आपको बाहर निकलने का रास्ता नहीं मिलता और न आप अपने निर्दिष्ट स्थान तक ही पहुँच सकते हैं।''

आधुनिकता और गणतंत्र अब केवल औपनिवेशिक शासकों के अपने देश की थाती नहीं थे। मानवता के राग को तार सप्तक में गाने वाले इंग्लैंड की रागिनी अपने शासितों के प्रति जिस कर्कशता से भरी हुई थी उसकी सराहना करते रहना अब कठिन हो गया था। अब भारतवासियों की घोषणा थी, ''हमें तो हिन्दुस्तान में बनाया हुआ हिन्दुस्तानियों के द्वारा बनाया हुआ और हिन्दुस्तानियों के हित ही के लिए ही बनाया गया हो ऐसा शासन-विधान चाहिए। सच बात तो यह है कि हिन्दुस्तान की आत्मा विदेशी सत्ता के खिलाफ अब क्रान्ति कर बैठी है। सुधारवादियों की मीठी-मीठी और लुभावनी दलीलों का अब उस पर कोई असर नहीं पड़ता।'' गाँधीवादी कांग्रेसी सुभद्रा कुमारी चौहान के इस वक्तव्य की तार्किक परिणति सन् 42 के 'करो या मरो' के नारे में देखी जा सकती है।

चूँकि धर्म के आधार पर विभाजन की राजनीति इस देश में अपनी जड़ें जमाने लगी थी और अंग्रेज हिंदू-मुसलमान के बीच की हर दरार को चौड़ी खाई में बदलने के हर संभव प्रयास में लगे थे। स्वाधीनता की कामना पर अल्पसंख्यक बहुसंख्यक के आँकड़ों का काला साया मंडराने लगा था। धर्म के आधार पर इंसान-इंसान के बीच फर्क न मानने वालों की परीक्षाओं का दौर आरंभ हो चुका था। अंग्रेजी कूटनीति विष बीज बो चुकी थी, अंकुर फूटने लगे थे, विषवृक्ष की बृहदता की भयावहता आशंकित करने लगी थी। हिन्दुओं-मुसलमानों ने जहरीला

चारा निगल लिया था, उसकी अनुगूँज ठोस होने लगी थी। सुभद्रा कुमारी चौहान ने गाँधीजी के विचारों को ही अपने इस अभिभाषण में स्वर दिया "इस प्रस्ताव पर जो संशोधन पेश हुए हैं, उनकी मंशा सिर्फ यही मालूम होती है कि कम तादाद वाली कौमों के हकों, धर्मों और संस्कृति की रक्षा की जावे। परन्तु वे भूल जाते हैं कि यह तो हमारा घरू मामला है। उसे हम आपस में ही समझकर निबटा सकते हैं और निबटा भी लेंगे। हमारे कम तादाद वाले भाई इस बात का विश्वास रखें कि अब देश के राजनैतिक शासन की बागडोर कांग्रेस के हाथ में है। उनके अधिकारों के साथ लापरवाही कभी भी नहीं हो सकती। मैं अपने इन संशोधन पेश करने वाले माननीय भाइयों से निवेदन करती हूँ कि इस समय जबकि आजादी की जंग में हम अपने विरोधियों से लड़ रहे हैं। और इस जंग को जारी रखने को और भी जी-जान से तैयारी कर रहे हैं, ऐसे वक्त वे विजय के बाद मिलने वाले अधिकारों के बँटवारे के तरीकों में ही उलझ न जावें। बल्कि हमारे कंधे से कंधा मिलाकर इस आजादी की लड़ाई में उतर आएँ और राष्ट्रीय झंडे को ऊँचा करके आगे बढ़ें।"

सत्ता के हाथ में आते ही कांग्रेस में सुभद्रा कुमारी चौहान और लक्ष्मण सिंह चौहान जैसे लोग हाशिये पर धकेल दिए गए और सत्ता की चाभी उन छद्मवेशियों के पास चली गई जो आजादी के संघर्ष में नाखून कटाकर शहीद बने थे। आजादी का स्वप्न देख उसके लिए सब कुछ न्यौछावर करने वाले दूसरे थे तथा इस स्वप्न के सफल होने पर इसे फोड़-फोड़कर खाने वाले दूसरे ही अवसरवादियों की बाढ़ थी।

सुभद्रा कुमारी की कथनी और करनी में कोई भेद न था। उन्होंने जाति, धर्म के भेद को कभी नहीं माना। उनके लिए मनुष्य और उसकी मनुष्यता सर्वोपरि थी। वे तत्कालीन रूढ़ियों के विरुद्ध मुसलमानों और भंगियों की बस्ती में बेहिचक जाती थीं। उनके यहाँ खाने-पीने में भी उन्हें कोई संकोच नहीं था किन्तु गो हत्या के प्रश्न पर उन्होंने कविता लिखी थी। गो-वध से उनकी भावनाएँ आहत होती थीं। सागर जिले के रतौना नामक गाँव में सरकार द्वारा कसाईखाना खोले जाने पर उन्होंने लिखा—

"उधर गो-भक्त कहाता देश,
इधर ये लाखों गायें कटें।
उधर करातीं वैतरणी पार
इधर ये हाय छुरी से कटें।"

अगर देश में गो हत्या बंद नहीं हो सकती तो फिर कृष्ण स्मरण की रीति

कैसे चलेगी—

“उधर तुम कहलाते गोपाल
इधर ये गौएँ दिन-दिन कटें
कहो, तुम ही कह दो गोपाल
तुम्हें अब कौन नाम से रटें?
अभी भी यहाँ बहुत से कंस
मचाते हैं नित अत्याचार।
नष्ट होता प्यारा गो-वंश
बढ़ा जाता पृथ्वी का भार॥

सामान्यतः 'हिन्दीवालों' को दो बिन्दुओं पर साम्प्रदायिकतावादी घोषित किया जाता रहा है। एक गो रक्षा दूसरा हिन्दी के प्रश्न पर बोलना। इस देश में हिन्दी के पक्ष में बोलने वाला “हिन्दी फैनेटिक” है और अन्य किसी भी भाषा के पक्ष में बोलने वाला मातृभाषा प्रेमी। सुभद्रा कुमारी चौहान भी 'हिन्दी फैनेटिक' हैं। 'मातृ मंदिर' कविता में वे अपनी मातृभाषा को नमन करती हैं—

“जिसको तुतला-तुतला करके,
शुरू किया था पहली बार।
जिस प्यारी बोली में हमको
मिला हमारी माँ का प्यार।”

किन्तु हिन्दी की विवश स्थिति उनसे छिपी हुई नहीं है। हिन्दी समारोह उन्हें चकित कर रहा है, हिन्दुस्तान के हिन्दुओं की यमुना का सम्मान उन्हें मुदित कर रहा है—

“उस हिन्दू जन की गरीबिनी
हिन्दी, प्यारी हिन्दी का।
प्यारे भारतवर्ष-कृष्ण की
उस प्यारी कालिन्दी का॥

इस गरीबिनी हिन्दी को सजाने-समृद्ध करने में उन्हें सुख मिलता है। उन्हें विश्वास है कि सभी भाषाओं की सरताज हिन्दी में ही स्वाधीनता का सूर्योदय होगा, देश में हृदयों को मिलाने की भाषा हिन्दी ही होगी—

“मेरे लिये बड़े गौरव की
और गर्व की है यह बात।

तेरे ही द्वारा होवेगा,
भारत में स्वातंत्र्य प्रभात ॥
तू होगी व्यवहार, देश के
बिछड़े हृदय मिलाने में
तू होगी अधिकार, देश भर
को स्वातंत्र्य दिलाने में।''

अपने विश्वास और निश्चय पर दृढ़ता से अटल सुभद्रा कुमारी चौहान ने यथोचित स्थान पर ईश्वर की भी गुहार लगाई है। अछूतों के मंदिर प्रवेश के निषेध पर उन्होंने लिखा--

''प्रभु तुम मेरे मन की जानो
मैं अछूत हूँ मंदिर में जाने का मुझको अधिकार नहीं है।
किन्तु देवता यह न समझना तुम पर मेरा प्यार नहीं है।
तुम सबके भगवान कहो मंदिर में भेदभाव कैसा?
हे मेरे पाषाण पसीजो बोलो क्यों होता ऐसा?
कह देता किन्तु पुजारी यह तेरा भगवान नहीं है।
दूर कहीं मंदिर अछूत का और दूर भगवान कही हैं॥
मैं सुनती हूँ, जल उठती है मन में यह विद्रोही ज्वाला।
यह कठोरता, ईश्वर को भी जिसने टूक-टूककर डाला॥
यह निर्मम समाज का बंधन और अधिक अब सह न सकूँगी।
यह झूठा विश्वास प्रतिष्ठा झूठी इसमें रह न सकूँगी॥
ईश्वर भी दो हैं, यह मानूँ मन मेरा तैयार नहीं है।
किन्तु देवता यह न समझना तुम पर मेरा प्यार नहीं है।''

जिसे मन न माने उसे मत बनाने को सुभद्रा कुमारी तैयार नहीं है। विचार सम्बन्धी यह दृढ़ता और स्पष्टता ही उन्हें सुभद्रा कुमारी चौहान बनाती है।

सुभद्रा कुमारी चौहान की सबसे प्रसिद्ध रचना 'झाँसी की रानी' के सम्बन्ध में भदंत आनंद कौशल्यायन ने कहा था, ''मेरी यह अभिलाषा थी कि हाथों में कड़े पहनकर और एक लकड़ी से उन कड़ों को बजाते हुए 'खूब लड़ी मर्दानी वह तो झाँसी वाली रानी थी'--गाते हुए गाँव-गाँव घूमूँ वैसे ही जैसे वहाँ के लोकगीत गायक अपने गीतों को गाते हुए घूमते हैं, सुभद्रा जी ने यदि यही एक कविता लिखी होती और कुछ न लिखा होता तो भी वे अमर हो जातीं।''

प्रथम भारतीय स्वाधीनता संग्राम की विफलता से भी भारतीय जनता के

हृदय से उसके नायकों का संघर्ष और बलिदान धूमिल नहीं हुआ था। इस संग्राम के सेनानी विशेषकर वीरांगना महारानी लक्ष्मीबाई जन हृदय की धरोहर बन गए। बीसवीं शताब्दी की राष्ट्रीयता ने इन्हें ही अपना आदर्श चुना। भारत के क्रान्तिकारी आंदोलन ने भी इस संग्राम और इसके नायक-नायिकाओं को अपना प्रेरणा स्रोत बनाया।

'झाँसी की रानी' कविता के वैशिष्ट्य में सबसे उल्लेखनीय इसकी लय और इसका ओज गुण है। कविता में केवल राष्ट्रीयता और देशप्रेम के स्वर ही नहीं पूरा इतिहास बोलता है। व्यापारी बनकर आए अंग्रेजों के बढ़ते प्रताप से लेकर रानी लक्ष्मीबाई के बलिदान तक का पूरा इतिहास–

'अनुनय विनय नहीं सुनता है, विकट फिरंगी की माया,
व्यापारी बन दया चाहता था जब वह भारत आया,
डलहौजी ने पैर पसारे अब तो पलट गई काया,
राजाओं नव्वाबों को भी उसने पैरों ठुकराया।

अंग्रेज एक-एक कर रियायतें हड़पते गए। अपनी अन्यायपूर्ण नीति से पूरा देश हड़प लिया–

"छिनी राजधानी देहली की, लिया लखनऊ बातों-बात,
कैद पेशवा था बिठूर में हुआ नागपुर का भी घात,
उदैपुर, तंजोर सितारा, करनाटक की कौन बिसात,
जबकि सिंध, पंजाब, ब्रह्म पर अभी हुआ था ब्रज-निपात,
बंगाले, मद्रास आदि की भी तो वही कहानी थी।"

इसमें रानी लक्ष्मीबाई की संक्षिप्त जीवन यात्रा तो वर्णित है ही स्वतंत्रता के महायज्ञ में काम आए वीर–नाना धुँधुपंत तात्या टोपे, अजीमुल्ला, अहमद शाह मौलवी, ठाकुर कुँवर सिंह आदि का भी उल्लेख है। भीषण आर्थिक शोषण और परदेसियों के हाथ नीलाम होती प्रतिष्ठा ने इस महायज्ञ की ज्वाला सुलगाई–

"कुटिया में थी विषम वेदना, महलों में आहत अपमान,
वीर सैनिकों के मन में था, अपने पुरखों का अभिमान
महलों ने दी आग, झोंपड़ों ने ज्वाला सुलगाई थी,
यह स्वतंत्रता की चिनगारी, अन्तरतम से आई थी।

सुभद्रा कुमारी चौहान इसे कुछ सामन्तों के स्वार्थपूर्ण संघर्ष के रूप में नहीं

बल्कि पूरे देश की अन्तरात्मा से उपजा आन्दोलन मानती हैं—

"झाँसी चेती, दिल्ली चेती, लखनऊ लपटें छाई थीं,
मेरठ, कानपुर, पटना ने भारी धूम मचाई थी,
जबलपुर, कोल्हपुर में भी कुछ हलचल उकसानी थी

कविता रानी लक्ष्मीबाई के रण कौशल और उनके द्वारा लड़े गए युद्ध का भी पूरा ब्यौरा प्रस्तुत करती है। आरंभ में विजयी होती रानी भारतीयों की आपसी फूट से पराजित हुई। ग्वालियर के सिंधिया की भूमिका से सुभद्रा कुमारी चौहान अपरिचित नहीं हैं—

"रानी बढ़ी कालपी आई कर सौ मील निरन्तर पार,
घोड़ा थक कर गिरा भूमि पर, गया स्वर्ग तत्काल सिधार,
यमुना-तट पर अंग्रेजों ने फिर खाई रानी से हार,
विजयी रानी आगे चल दी, किया ग्वालियर पर अधिकार
अंग्रेजों के मित्र सिंधिया ने छोड़ी राजधानी थी।"

वे रानी लक्ष्मीबाई को स्वाधीनता संग्राम की पथ प्रदर्शिका के रूप में चिह्नित करती है—

"मिला तेज से तेज, तेज की वह सच्ची अधिकारी थी,
अभी उम्र कुल तेइस की थी, मनुज नहीं अवतारी थी,
हमको जीवित करने आई बन स्वतंत्रता नारी थी,
दिखा गई पथ, सिखा गई हमको जो सीख सिखानी थी।"

चार-पाँच पृष्ठों की इस कविता में विस्तृत इतिहास, स्मृति प्रेरणा, ओज और कृतज्ञता-ज्ञापन सब कुछ है।

"जाओ रानी याद रखेंगे हम कृतज्ञ भारतवासी
यह तेरा बलिदान जगावेगा स्वतंत्रता अविनाशी
होवे चुप इतिहास, लगे सच्चाई को चाहे फाँसी
हो मदमाती विजय, मिटा दे गोलों से चाहे झाँसी
तेरा स्मारक तू ही होगी तू खुद अमिट निशानी थी।"

आग उगलती यह रचना प्रतिबंधित होने से बच गई क्योंकि उस समय मध्य प्रान्तीय सरकार के प्रकाशन विभाग में दो अनुवादक थे, एक मरहठी में निपुण था और दूसरा उर्दू में, हिन्दी जानने वाला कोई न था। इसी से कवयित्री तथा कविता

कदाचित् बच गई।

उनके जीवन काल में ही यह कविता लोकप्रियता के शीर्ष पर पहुँची। सैकड़ों लोगों ने इसे छापा-बेचा। सस्ते कागज पर छपी यह कविता मेलों में भी बिकती थी।

लोकछंद में लोककथा शैली में पिरोई गई यह कविता रिकार्ड होकर जन-जन तक पहुँची। 'कर्मवीर' के शुक्ल 2 संवत् 1994 मिति आषाढ़ (10 जुलाई, 1937) अंक में पृष्ठ 31 पर "बेलगाँव की चिट्ठी" शीर्षक से यह समाचार छपा—'खूब लड़की मर्दानी' की रेकार्डिंग हो रही है। समस्त हिन्दी संसार को यह जानकर हर्ष होगा कि हिन्दी संसार की प्रसिद्ध कवियत्री सुभद्रा कुमारी चौहान की प्रसिद्ध रचना 'खूब लड़ी मर्दानी वो तो झाँसी वाली रानी थी" का आजकल हिज मास्टर्स व्हाइस द्वारा रेकार्डिंग हो रहा है। श्रीमती सुभद्रा कुमारी जी चौहान तथा श्री ठाकुर लक्ष्मण सिंह जी चौहान धन्यवाद के पात्र हैं जो उन्होंने इसके लिए सहर्ष मंजूरी दे दी। हिज मास्टर्स व्हाइस के प्रतिनिधि श्री कामेटकर बधाई के पात्र हैं जो वे यह आयोजन कर रहे हैं। इस कविता का रेकार्डिंग होगा; खंडवा के प्रसिद्ध तरुण श्री बलराम पगारे द्वारा। श्रीयुत पगारे जी पिछले कई दिनों से महाकोशल के युवकों और कुछ प्रतिष्ठित सज्जनों के द्वारा इस दिशा में उत्साहित किए जा रहे थे। हमें विश्वास है कि इस रिकार्ड के उतरते ही बाजार में और हिन्दी संसार में धूम मच जाएगी।

—एक जानकार"

उनकी कविता ने देशप्रेम की ध्वजा ऐसी फहरा दी थी कि दिनकर जैसे कवि ने उनका अनुकरण करना चाहा था और किया भी। लगभग 22 वर्ष की सुभद्रा ने 23 वर्ष की समवया लक्ष्मीबाई की अमरता को सिक्केबंद कर दिया। कवयित्री सुभद्रा कुमारी चौहान ने महारानी लक्ष्मीबाई की उस वीरता और सूझ-बूझ को लोक स्मृति में उसकी अपनी शैली में सदा-सदा के लिए सुरक्षित कर दिया।

यही नहीं अपनी इस इतिहास प्रसिद्ध कविता में 'मर्दाना' शब्द के लिए प्रचलित स्त्रीलिंग 'मर्दानी' को नया अर्थ दिया। सुभद्रा कुमारी चौहान द्वारा इसके प्रयोग के बाद इस शब्द का मर्दवादी प्रभाव निरस्त्र हो जाता है क्योंकि रानी लक्ष्मीबाई का वीरतापूर्ण नारीत्व इतना चाक्षुष रहता है वीरता स्त्रीलिंग में भी स्वाभाविक हो जाती है। पुरुष के लिए आरक्षित वीरता, मर्दाना, पौरुष का भाव उस पर हावी नहीं हो पाता। इस हावी न होने पाने का सबसे बड़ा प्रमाण सामाजिक परिवर्तन हेतु और अपने-अपने कार्यक्षेत्रों में अन्याय के विरुद्ध लड़ती स्त्री को झाँसी की रानी तो रानी लक्ष्मीबाई के आधार पर कहा जाता है किंतु उसी के साथ 'खूब लड़ी मर्दानी...' जोड़ दिया जाना स्त्री वीरता को अकुंठ स्वीकारोक्ति

है। झाँसी की रानी लक्ष्मीबाई की वीरता का सामान्य नारियों तक इस प्रसार का श्रेय सुभद्रा कुमारी चौहान को ही जाता है। यह 'लड़ना' बदलने के लिए है और यह 'मर्दानी' शब्द परिवर्तन के लिए और अन्याय के विरुद्ध कटिबद्ध और सक्षम स्त्री के लिए है जो इतने भर से कायर या कमजोर नहीं कि वह स्त्री है। यह आरोप लग सकता है कि है तो यह अन्ततः मर्दवादी भाषा का प्रयोग ही अतः उन्हें नया शब्द गढ़ना चाहिये था। पर चूँकि युद्ध भूमि स्त्री का क्षेत्र बिल्कुल भी न थी अतः इससे सम्बद्ध स्त्रीलिंग शब्द का अभाव उन्होंने कविता के लय के अनुसार 'मर्दानी' शब्द से पूरा किया। इसलिए सुभद्रा कुमारी चौहान द्वारा प्रयुक्त यह 'मर्दानी' शब्द 'मर्द' का स्त्रीलिंग मात्र नहीं है बल्कि स्त्री की वीरता और जुझारुपन की नतीजा है। हमने अपने समय में 'महापुरुष' के लिए कौन-सा स्त्री शब्द गढ़ लिया है।

सुभद्रा कुमारी चौहान का काव्य वैविध्य उल्लेखनीय है। "झाँसी की रानी" जैसी ओजपूर्ण कविता लिखने वाली ने प्रेम की मादकता की मीठी और स्पष्ट उद्घोषणा की—"मैं जिधर निकल जाती हूँ। मधुमास उतर आता है।" यद्यपि इसकी कम चर्चा हुई है किन्तु उनमें केवल वात्सल्य और तेज ही नहीं शृंगार भी है। शृंगार भी सीधा-सादा अपनी अभिव्यक्ति में निष्कपट—प्रियतम के स्वागत में सजने को आतुर प्रिय के 'स्वागत साज' में ऊषा से लाली और कली से खिल उठने की कला माँगती है। फूलों से उसकी माँग है उनके वैभव की। आज उसे सर्वश्रेष्ठ दिखना है—

"हे प्रसून-दल! अपना वैभव
बिखरा दो मेरे ऊपर
मुझ-सी मोहक और न कोई
कहीं दिखाई न दे भू पर।"

प्रिय के स्वागत के लिये मीठी-मधुर वाणी चाहिए—

"अरी विहंगिनी! गर्वीली
ओ ऋतुपति के प्राणों की प्राण
हे कलकंठ! सिखा दे पल भर
के ही लिये मुझे कल गान।"

जिस प्रिय के स्वागत के लिये प्रिया सजी थी उसके चले जाने की बेला भी आ पहुँची। उसे "चलते समय" अनुमति किस हृदय से दे—

"तुम मुझे पूछते हो जाऊँ?
मैं क्या जवाब दूँ तुम्हीं कहो!
'जा...' कहते रुकती है ज़बान
किस मुँह से तुमसे कहूँ रहो!"

प्रेम के इस विरह में केवल बिछड़ने का दुःख ही नहीं, साथ के समय की गई भूलों का पछतावा भी है–

"मैं सदा रूठती ही आई,
प्रिय! तुम्हें न मैंने पहचाना।
वह मान बाण-सा चुभता है,
अब देख तुम्हारा यह जाना।"

इस जाने वाले की राह मे जो काँटे बिछे हैं उससे भी हृदय काँपता है, यह सोचकर कवयित्री का मन थर्रा जाता है कि "मेरे पथिक" की राह में अब घात-प्रतिघात, निराशा-लांछना-अपवाद, विकलता-भ्रान्ति ही मिलेंगे, अशान्ति उसकी चिर सहचरी होगी। अब तक प्यार पाने वाला सुकुमार सरस हृदय संसार की चालाकियों की लू में झुलस जाएगा।

जीवन ने इतने आघात दिए कि उसमें "जीवन फूल" का मुरझा जाना अवश्यम्भावी था। अपने पवित्र प्रेम के ऐसे उपहास और निष्ठुर निराशाओं की मनमानी के उपरांत भी बस एक ही कामना बची है–

हे विधि इतनी दया दिखाना मेरी इच्छा के अनुकूल।
उनके ही चरणों पर बिखरा देना मेरा जीवन-फूल॥

सुभद्रा कुमारी चौहान के 'उनके' पारलौकिक या आध्यात्मिक नहीं हैं। उन्होंने अपने दाम्पत्य प्रेम को सीधे-सीधे अभिव्यक्त किया है। स्त्री के प्रेम का ऐसा सीधा निवेदन उसी के द्वारा उसी की भाषा में ऐसी सहजता के साथ अन्यत्र दुर्लभ है। तुम्हें मुझसे प्यार था–डंके की चोट पर किस कवयित्री ने ऐसा कहने का दुस्साहस किया है? दाम्पत्य प्रेम में भी लज्जा आड़े आती रही है किन्तु सुभद्रा कुमारी चौहान ने अनेक स्थानों पर ऐसे भाव प्रगट किए हैं–

"मैं थी उज्ज्वल स्फूति, पूर्ति
थी प्यारी अभिलाषाओं की।
मैं ही तो थी मूर्ति तुम्हारी
बड़ी-बड़ी आशाओं की।"

उनमें उससे भी बढ़कर हिन्दी साहित्य में अनुपस्थित आत्मविश्वास से भरा वह सख्य भाव है जो प्रेम को पूर्णता देता है—

"आओ, चलो, कहाँ जाओगे,
मुझे अकेली छोड़ सखे!
बँधे हुए हो हृदय पाश में,
नहीं सकोगे तोड़ सखे!"

ऐसा नहीं है कि दास्य भाव की अभिव्यक्तियाँ नहीं हैं। वे भी हैं चरण हैं, रज है, साधना है, बलिहारी जाना है, पूजा है, अर्चना है। सब है किन्तु उल्लेखनीय है यह सहज प्रेम और उससे भी अधिक उल्लेखनीय है उसकी सहज अभिव्यक्ति। बिना किसी लाग-लपेट के शिशिर समीर से निवेदन है कि उन्हें अकेले में मेरा संदेसा दे देना—

"कहना किसी तरह वे सोचें
मिलने की तदबीर सखी।
सही नहीं जाती अब मुझसे
यह वियोग की पीर सखी।"

लज्जा के बट्टे-खाते में डाल दी गई स्त्रियाँ कैसे प्रेम की घोषणा कर सकती हैं? उनका अधिकार क्षेत्र लज्जा है, संकोच है, त्याग है मनोभावना पर नियंत्रण है। सुभद्रा कुमारी चौहान इस बेकार की लज्जा-वज्जा के चक्र में न पड़ सीधे-सीधे प्रेम की मधुरिमा को अभिव्यक्ति कर देती हैं—

"हुई प्रेम-विह्वल मैं उनके
चरणों पर बलिहार गई।
बदले में प्रिय का चुम्बन पा
जीत गई या हार गई।।
उस शाबाशी से, कृतज्ञता से
तस्वीर खिंचाने से।
हुई खुशी से मैं पागल-सी
प्रिय का चुम्बन पाने से।"

यह व्यक्तिगत प्रेम निखरा तो खिलकर विश्व प्रेम बन गया। छोटे से हृदय में अखिल विश्व का प्रेम समा गया—

"मैं प्रसन्न थी, पर प्रसन्नता
मेरी आज निराली थी।
मैं न आज मैं थी यह कोई
विश्व प्रेम मतवाली थी।"

इस विश्व प्रेम ने प्रेमी युगल का नीड़ सूना कर दिया। संसार की पीड़ा इनकी पीड़ा बन गई। पति-पत्नी में अनबन अबोला हुआ तो कवयित्री प्रियतम से बोल पड़ी—

बहुत दिनों तक हुई परीक्षा
अब रूखा व्यवहार न हो।
अजी, बोल तो लिया करो तुम
चाहे मुझ पर प्यार न हो।"

प्रिय का रूखा व्यवहार प्रिया को गहरे तक आहत कर गया। फिर भी 'आहत की अभिलाषा' यही है—

"जीवन का न्यौछावर करके तुच्छ सुखों का लेखा।
अर्पण कर सब कुछ चरणों पर तुममें ही सब देखा॥
अपना तुमको समझ समझती थी, हूँ सखी तुम्हारी।
तुम मुझको प्यारे हो, मैं तुंम्हें प्राण-सी प्यारी॥
दुनिया की परवाह नहीं थी, तुममें ही थी भूली।
पाकर तुम-सा सुहृद, गर्व से फिरती थी मैं फूली॥"

सुभद्रा कुमारी चौहान का स्थायी भाव प्रेम, विश्वास, सरसता, वीरता, ओज और तेज है। निराशा कभी आती भी है तो छँट जाती है। उन्होंने हँसना सीखा है, पीड़ा से उनका परिचय नहीं। उत्साह, उमंग, उल्लास, आशा उनकी जीवन प्याली को खाली नहीं होने देते—

कहते हैं होती जाती
खाली जीवन की प्याली
पर मैं उसमें पाती हूँ
प्रतिपल मदिरा मतवाली।
सुख भरे सुनहले बादल
रहते हैं मुझको घेरे।

विश्वास, प्रेम, साहस है
जीवन के साथी मेरे।।

सुभद्रा कुमारी चौहान का विश्वास और प्रेम उनके पति लक्ष्मण सिंह चौहान के रूप में साकार हो गया।

उन्हें देखने-समझने में लक्ष्मणसिंह के मन में भी कोई दुविधा नहीं थी। सुभद्रा कुमारी चौहान की स्मृति में उनके जँवाई अमृत राय ने अपने लेख 'याद में' ठाकुर लक्ष्मण सिंह चौहान की 'मैं और तुम' कविता उद्धृत की है। वह पूरी कविता यहाँ देख लेने में कोई हर्ज नहीं है–

मैं और तुम

वह ठिठक अड़ैली चंचल थी, ज्यों प्रीति लाज में घुली हुई।
थी हँसी रसीले होंठों की, नवरूप सुधा से धुली हुई॥
वह अजब छबीली चितवन थी, थी तरल वेग पर तुली हुई।
उन घनी लचीली पलकों में, कुछ छिपी हुई कुछ खुली हुई॥
है याद मुझे, मैं चौंक पड़ा, बज उठी हृदय की बाँसुरिया।
वह दृष्टि तुम्हारी गाती थी, "मैं राधा हूँ तुम साँवरिया"॥
ये शब्द कहाँ? पद वाक्य कहाँ? बस भाव सुनाई देता था।
था राग अहा अनुराग बना, साकार दिखाई देता था॥
पूर्णेन्दु उगा, नवपुष्प खिले, हाँ लगी कुहकने कोयलिया।
यों पूजा का सामान जुटा, मैं राधा था तुम साँवरिया॥
दो एक हुए स्वच्छंद बने, मिल गई राह आजादी की।
जग-मंदिर मंजुल गूँज उठा, सुन पड़ी बधाई शादी की॥
आलोक हुआ, भ्रमलोप हुआ, क्या दीख पड़ा मैं था तुम थीं।
मैं विश्व बना तुम विश्वात्मा, मैं तुममें था, मुझमें तुम थीं॥"

लक्ष्मण सिंह की इस कविता में सुभद्रा कुमारी चौहान सजीव हो गई हैं। उन्होंने स्त्री जीवन की हर भूमिका को भरपूर जिया–बेटी, बहन, पत्नी, माँ, सखी आदि रूपों में तो वे जीवन्त रही, नए युग की नई जागृत नारी के रूप में भी भली-भाँति पहचानी गईं। सुभद्रा कुमारी चौहान में नारी के किसी भी रूप को लेकर कोई कुंठा नहीं है तो बस उल्लास, उत्कंठा, तृप्ति, सौन्दर्य और अबाध प्रवाह जीवन के हर रस का उन्होंने भरपूर आनन्द उठाया। अपने बाल्यकाल, कैशोर्य दाम्पत्य का प्रत्येक क्षण उन्होंने बड़ी निष्ठा से प्रेम पगे भाव से जिया। इस पूर्णता ने उन्हें कभी रिक्त न होने दिया। और माँ बनने के पश्चात् तो मानों उन्हें सातों

सुख मिल गए। वे मातृत्व पर पुलकित भर नहीं हैं, उसका सजीव चित्रण करती हैं। सूरदास के पश्चात् सामान्य गृहस्थ के जीवन में वात्सल्य पर ऐसी सजीव हर्षित और सरस रचना भारतीय साहित्य में दुर्लभ है। अपने जा चुके बचपन को बार-बार याद कर वापस बुलाती सुभद्रा कुमारी चौहान उसे अपनी पुत्री में पा लेती हैं। उनका मुदित भाव देखते ही बनता है–

"मैं बचपन को बुला रही थी
बोल उठी बिटिया मेरी।
नन्दन वन-सी फूल उठी
यह छोटी-सी कुटिया मेरी॥"

स्वयं मिट्टी खाती यह नन्हीं बालिका माँ के खाने के लिए भी थोड़ी-सी मिट्टी लाई है। इस 'बालिका का परिचय' माँ यों देती है–

"यह मेरी गोदी की शोभा
सुख सुहाग की है लाली।
शाही शान भिखारिन की है
मनोकामना मतवाली॥
मेरा मन्दिर, मेरी मसजिद
काबा-काशी यह मेरी।
पूजा-पाठ, ध्यान-जप-तप है
घट-घट वासी यह मेरी॥

अपने नीरस दिल की इस 'सुधा' धार पर माँ का स्नेह अविरल छलकता है। उसका रोना सुनकर और चाहे कोई खीझे पर माँ को अभिमान होता है। इस छोटी सी बालिका में उसे कृष्ण चन्द्र की क्रीड़ाओं, कौशल्या के मातृमोद, प्रभु ईसा की क्षमाशीलता नबी मुहम्मद का विश्वास और क्षमाशीलता, गौतम-महावीर का दया भाव सभी मिल जाते हैं। हर बात पर अपनी माँ पर निर्भर इस बालिका के करुणापूर्ण रुदन से केवल माँ का नाता है। सुभद्रा कुमार चौहान गर्व पूर्ण घोषणा करती हैं–

"मैं हूँ उसकी प्रकृत संगिनी
उसकी जन्म-प्रदाता हूँ
वह मेरी प्यारी बिटिया है
मैं ही उसकी माता हूँ।"

बेटी की माँ होने के गौरव का जैसा वर्णन सुभद्रा कुमारी चौहान के यहाँ है वैसा और कहीं नहीं मिलता। बेटी को भी गोदी की शोभा समझना और कहना उनके स्वाधीन और समदर्शी हृदय की पहचान है। रोती हुई बिटिया पर रीझकर माँ कहती है—

"ये नन्हे से ओंठ और
यह लम्बी-सी सिसकी देखो।
यह छोटा-सा गला और
यह गहरी-सी हिचकी देखो॥"

इक्कीसवीं शताब्दी में जब गाँव हो या महानगर हर जगह इस हिचकी को जन्म से पहले ही घोंटा जा रहा हो, ऐसे में सुभद्रा जी की पंक्तियाँ रास्ता दिखाती हैं। आचरण अपने-आपमें सबसे बड़ा प्रमाण है।

हिन्दी साहित्य में बाल-साहित्य की कमी को भी उन्होंने पूरा किया है। अपने बच्चों के लिए वे कहाँ-कहाँ से कहानियों-कविताओं की पुस्तकें खोज-खोजकर लाती थीं, उन्हें पढ़-पढ़कर सुनाती थीं। उनकी 'कदम्ब का पेड़' कविता केवल काव्य दृष्टि से ही नहीं भाव की दृष्टि से भी अद्वितीय है। बच्चों के मन की ऐसी समझ मानो बालक ही कविता लिख रहा हो। उन्होंने बच्चों के लिए 'कोयल', 'रामायण की कथा', 'पानी और धूप', 'खिलौनेवाला', 'पतंग', 'बाँसुरी वाला', 'मुन्ना का प्यार', 'अजय की पाठशाला', 'कुट्टी', 'सभा का खेल' और 'नटखट विजय' आदि कविताएँ लिखीं। सभी कविताओं में बाल-मन और उनकी क्रीड़ाओं की गहरी समझ तथा सरल अभिव्यक्ति है। उनकी अधिकांश बाल-कविताएँ 'बाल सखा' पत्रिका में छपी थीं। 'अजय की पाठशाला' अक्टूबर 1933 ई. में 'अजय का पाठशाला जाना' शीर्षक से छपी थीं।

सुभद्रा कुमारी चौहान दो पुत्रियों और तीन पुत्रों की माँ थीं किन्तु उनके छोटे पुत्र की मृत्यु हो गई। संतान की मृत्यु पर वेदना से फट रहे उनके हृदय से 'पुत्र वियोग' कविता निकली। शोक कातर माँ को पुत्र की स्मृतियाँ विकल कर देती हैं—

"शीत न लग जाए, इस भय से नहीं गोद से जिसे उतारा।
छोड़ काम दौड़कर आई 'माँ' कहकर जिस समय पुकारा॥
थपकी दे-दे जिसे सुलाया जिसके लिये लोरियाँ गाईं।
जिसके मुख पर जरा मलिनता देख आँख में रात बिताई॥
जिसके लिए भूल अपनापन पत्थर को भी देव बनाया।
कहीं नारियल, दूध, बताशा, कहीं चढ़ाकर शीश नवाया।"

पुत्र की मृत्यु की वेदना शब्दों में नहीं ढाली जा सकती। संसार की किसी विधि से माँ को ढाँढस नहीं बँधाया जा सकता। भाई बहन यहाँ तक कि एक बार पिता भी गए बालक को भुलाने में सफल हो जाए किन्तु–''बड़ा कठिन है बेटा खोकर माँ को अपना मन समझाना'' उनका यह पुत्र सदैव उनकी स्मृति में बना रहा।

21 अक्टूबर 1939 ई. में अखिल भारतीय हिंदी साहित्य सम्मेलन के अध्यक्षीय भाषण में सुभद्रा कुमारी चौहान ने महिलाओं को बाल-साहित्य लिखने को कहा था। प्रेम और बाल क्रीड़ा को स्त्रियों का अधिकार क्षेत्र मानते हुए माता और संतान के अविच्छिन्न सम्बन्ध की इस प्रगाढ़ता पर माँ से अच्छा साहित्य और कौन रच सकता है–कविता को हृदय प्रधान मानते हुए उसमें स्त्री-पुरुष का कोई भेद न करते हुए भी उनका कहना है–''अभी तक स्त्रियों में शिक्षा का अभाव था। इसलिए पुरुषों को ही स्त्रियों की मनोभावनाओं, उनके हृदयों के उद्वेगों, उनके प्रेम और विरह, उनकी आकांक्षाओं और भय को वाणी देनी पड़ी है।'' इसमें संदेह नहीं कि सुभद्रा कुमारी चौहान की काव्य प्रतिभा की सहज सामर्थ्य और रचनात्मकता जितनी उज्ज्वलता के साथ प्रमाणित है, उनके समर्थ कथाकार होने का तथ्य उतना ही अल्पविदित है। हम देख सकते हैं कि पद्य जैसी सहज प्रवाहपूर्ण शैली उनके गद्य की भी है, किन्तु इसे कम ही जाना गया है। क्या इसे संयोग मान लिया जाए कि वे कवयित्री रूप में इतनी प्रसिद्धि पा गईं कि उनका गद्यकार-कहानीकार रूप आलोचकों की दृष्टि से ओझल रहा? क्या हम स्वीकार कर लें कि यह आकस्मिक ही था कि हिन्दी की दो बड़ी कवयित्रियों–सुभद्रा कुमारी चौहान और महादेवी वर्मा के गद्य पर अब से पहले किसी का ध्यान नहीं गया? या इन्हें केवल कवयित्री रूप में चित्रित करना आलोचकों की मान्यता के लिए सुविधाजनक था? पर एक क्षण के लिए यदि संयोग 'फैक्टर' को अस्वीकार कर दिया जाए तो प्रश्न उठ खड़ा होता है कि प्रेमचंद की समकालीन (और बाद में समधिन भी) और समर्थ कहानीकार सुभद्रा कुमारी चौहान का गद्यकार रूप क्यों अविवेचित रह गया। सन् 2004 सुभद्रा कुमारी चौहान का जन्म शतवार्षिकी वर्ष था। उनकी मृत्यु के 65 वर्षों बाद उनके साहित्य-कर्म के समग्र विश्लेषण की ओर समुचित ध्यान अपेक्षित है।

चूँकि सुभद्रा अपने युग की दूसरी बहन-बेटियों से इस अर्थ में भाग्यशालिनी थीं कि नवजागरण से उठी स्त्री-शिक्षा की लहर उनके पिता के घर भी पहुँची थी और उनके पिता और भाई स्त्री-शिक्षा के समर्थक थे। उससे भी विरल संयोग यह कि उनके पति केवल उदार विचारों के नहीं थे उनके व्यक्तित्व का सम्मान भी करते थे–केवल पत्नी रूप में नहीं एक व्यक्ति के रूप में भी, इसीलिए श्रीमती सुभद्रा कुमारी चौहान, पति श्री लक्ष्मण सिंह चौहान, केवल अच्छी पत्नी और पाँच

बच्चों की माँ ही नहीं साहित्यकार, राजनैतिक कार्यकर्त्री समाज सुधारक, विधान सभा सदस्या और अपने बूते पर गृहस्थी संभालने वाली ठोस गृहिणी जैसी परस्पर विरोधी कई भूमिकाओं का सफलतापूर्वक निर्वाह कर सकीं।

उनका पहला कहानी संग्रह 'बिखरे मोती' 1932 ई. में आया जिसमें एक वर्ष के अंतराल में लिखी गई कहानियाँ थीं। 1934 में में 'उन्मादिनी' दूसरा कथा-संग्रह और 1947 में 'सीधे-साधे चित्र' आया। सुभद्रा कुमारी चौहान ने कुल 46 कहानियाँ लिखीं। 1943 ई. में सुभद्रा कुमारी चौहान की सभी कहानियाँ 'सीधे साधे चित्र' शीर्षक से हंस प्रकाशन, इलाहाबाद से प्रकाशित हुईं। सुभद्रा कुमारी चौहान की कहानियों की पृष्ठभूमि उनके राजनैतिक और सामाजिक जीवन की सक्रियता और स्पन्दन से बनती है। अपनी पढ़ाई छोड़ गाँधी के आह्वान को स्वीकारने वाली सुभद्रा कुमारी चौहान कई बार जेल गईं। राजनैतिक गतिविधियों के कारण पति-पत्नी को अपनी कच्ची गृहस्थी को अक्सर बेसहारा छोड़कर लंबा समय जेल में बिताना पड़ा, उनका यह अकल्पनीय साहस ओज बनकर उनकी कविता में फूटा पर उसकी वेदना का सस्वर पाठ गद्य में हुआ, विशेषकर कहानियों में।

यहाँ यह उल्लेखनीय है कि छायावाद की वेदना की साकार प्रतिमा महादेवी वर्मा और सुभद्रा कुमारी चौहान प्रयाग के एक ही स्कूल में पढ़ती थीं और आजीवन बड़ी अच्छी सहेलियाँ रहीं। फिर भी अपने काल की सबसे प्रबल छायावादी प्रवृत्ति से सुभद्रा कुमारी अछूती हैं। उनकी करुणा उनकी कहानियों में छलकती है। दोनों सहेलियों ने गद्य-पद्य में संभवतः अदला-बदली कर ली थी। महादेवी का ओजपूर्ण गद्य पढ़कर कोई अनुमान नहीं कर सकता कि "विरह का जलजात जीवन" इन्हीं का है।

सुभद्रा कुमारी चौहान के कथा लेखन पर उनके रचनात्मक दबाव के अतिरिक्त और दो महत्त्वपूर्ण कारक रहे—सुनने में अच्छा नहीं लगता किन्तु पहला कारण आर्थिक था। नौ वर्ष की आयु से 'मर्यादा' में छप रही कवयित्री को यश तो पर्याप्त मिला किंतु पति-पत्नी के सक्रिय राजनैतिक जीवन ने किसी ठोस जीवन-वृत्ति का आधार न बनने दिया। घर गृहस्थी न कविताओं से चलती है न आदर्शवादी राजनीति से। उस समय कहानी लिखने पर पारिश्रमिक दिया जाता था।

यह कहा जा सकता है कि सुभद्रा कुमारी चौहान प्रेमचंद स्कूल की कथाकार हैं या सावधानी बरतते हुए कह सकते हैं कि जिस परंपरा के कथाकार प्रेमचंद हैं वही परंपरा सुभद्रा कुमारी चौहान की भी है। उनकी कहानियों में शिल्प की गढ़न का रंच मात्र प्रयास नहीं है वह सहज, स्वाभाविक, अबाध, जीवन्त है। अपने रचनाकाल के आरंभिक दिनों में अपने सच के आग्रह के कारण उन्होंने अपनी

कहानियाँ श्री पदुमलाल पुन्नालाल बख्शी के पास भेजी थीं कि वे इनमें आवश्यक सुधार कर दें तब वे उन्हें छपवाएँगी। 'बिखरे मोती' के 'आत्मनिवेदन' में उन्होंने यह संकोच प्रकट भी किया है—"मुझे किसी के सामने इन्हें उपस्थित करने में संकोच ही होता था पर श्रद्धेय श्री पदुमलाल पुन्नालाल जी बख्शी के आग्रह और प्रेरणा ने मुझे प्रोत्साहन देकर उन्हें प्रकाशित करा ही दिया, किन्तु साथ ही डरती भी हूँ कि कहीं मेरा यह प्रयत्न हास्यास्पद न सिद्ध हो।" श्री बख्शी ने उन्हें सुझाव दिया कि वे उनमें कैसा भी संशोधन न करें क्योंकि शैली से व्यक्तित्व प्रगट होता है।

कुंठाहीन, तेजस्विनी, मृदुल किन्तु दृढ़ व्यक्तित्व की स्वामिनी सुभद्रा कुमारी चौहान की गद्य शैली भी उनकी ओजस्विनी प्रवहमान काव्य शैली की तरह कोई अर्गला नहीं मानती। सुभद्रा कुमारी चौहान की कहानियों का केन्द्र बिन्दु स्त्री है। अपने आसपास बिखरे अनगिनत पात्रों ने विशेषकर स्त्रियाँ, उनका शोषण, पर्दे की समस्या, पढ़ी-लिखी स्त्री का समाज में दुश्चरित्र समझा जाना, विधवा विवाह, वेश्या प्रश्न, स्त्री-पुरुष मैत्री सम्बन्ध, कन्याओं के स्वयं वर चुनने का प्रश्न, देशप्रेम, साम्प्रदायिक सौहार्द और वात्सल्य में सराबोर चरित्रों ने उनकी कहानियों को सिरजा। उनकी घटना प्रधान और वर्णनात्मक शैली की कहानियाँ किसी पात्र को सघन रूप से बुनती-गढ़ती नहीं है बल्कि 'जैसा है' के भाव से प्रस्तुत कर देती हैं।

चूँकि पारम्परिक समाजों की संरक्षणशीलता का लगभग सारा भार विडम्बनापूर्ण ढंग से व्यक्तिवविहीन स्त्री स्वयं उठाती है अतः अपने लिए पूर्व निर्धारित पत्नी और माँ की भूमिका में ही वह पूरी तरह चुक जाती है। सुभद्रा कुमारी चौहान स्त्री की इस पीड़ा को बार-बार सामने रखती हैं। बीसवीं सदी के मध्य तक विवाहोपरान्त स्त्री की रचनाशीलता का अवश्यम्भावी रूप से संकटापन्न होना उनकी 'भग्नावशेष' कहानी के शीर्षक से ही प्रगट हो जाता है। अति प्रतिभाशालिनी, लज्जामयी संकोची स्वभाव की करुणा से ओत-प्रोत रचनाएँ करने वाली युवती कवयित्री के पिता के देहांत के बाद उसके मामा उसे एक अधेड़ पुरुष से ब्याह देते हैं। ऐसी युवतियों से भारतीय समाज को यह प्रश्न कि "आपने कविता लिखना क्यों छोड़ दिया?" पूछने की आवश्यकता ही नहीं पड़ती। कोई पूछने की हिमाकत कर ही बैठे तो कहानी उत्तर देती है—"लिखने पढ़ने की बात अब आप मुझसे कुछ न पूछो।"

वह अपना वाक्य पूरा भी न कर पाई थीं कि वे महापुरुष कड़क उठे—चलो भी परिचय फिर हो लेगा।"

उन्होंने मेरी तरफ एक बड़ी ही बेधक दृष्टि से देखा दृष्टि में न जाने कितनी करुणा कितनी विवशता और कितनी कातरता भरी थी। वे अपने पति के पीछे-पीछे चली गईं।

प्लेटफार्म पर खड़ा मैं सोचता हूँ कि—"ये वही हैं या उनका भग्नावशेष।" "देखा मुझे उस दृष्टि से जो मार खा रोई नहीं।" पत्थर तोड़ती मजदूरनी से अधिक आर्थिक सम्पन्न संभ्रान्त महिलाएँ उससे अधिक अधिकार संपन्न नहीं हैं। बीसवीं शताब्दी के तीसरे दशक में अपने आसपास की ऐसी ही स्त्रियों के भग्नावशेष को रूप दिया है सुभद्रा कुमारी चौहान ने।

कहानियाँ वे पहले से ही लिख रही थीं। प्रथम संकलन 'बिखरे मोती' 1932 ई. में छपकर आया। इस संग्रह की कहानियाँ एक वर्ष के भीतर लिखी गई थीं।

उनकी आरंभिक कहानियों में एक छोटी-सी कहानी है 'होली'। शराबी, व्यसनी, दुराचारी पति की अधर्म की कमाई से करुणा को अपने खून की होली खेलनी पड़ती है। उन्होंने बड़े दुःख झेलती सामान्य असहाय स्त्री को विषय वस्तु के केन्द्र में रखा।

अपनी अनगिनत जेल यात्राओं में से जबलपुर जेल यात्रा में उन्हें अपनी बेटी की हत्या के आरोप में पकड़कर लाई गई 'रूपा' मिली। माँ बेटी को लेकर कुएँ में कूद पड़ी थी, बेटी मर गई मां बच गई। मां को हत्या के आरोप में आजीवन कारावास मिला।

क्यों मार डाला उसने अपनी बेटी को! सभी उसे दुत्कारते हैं, किंतु यह पत्थर हृदय! किसी को कोई उत्तर नहीं देती। अंत में वह कथा-वाचिका को उस नन्हीं सी बच्ची के साथ कूदने का कारण बताती है, उसकी बच्ची बोलने में हकलाती थी। इस दोष से पीड़ित अपनी बेटी की दुर्दशा से आशंकित वह 'हत्यारिन' अपनी संतान की जीवन लीला समाप्त करने के कुकर्म को तैयार हो गई—"इधर मैं अकेली और जरा-सी गोपा, जहाँ मेहनत-मजदूरी को जाती वहीं बच्चे और कभी बड़े-बड़े लोग तक गोपा के साफ न बोलने पर चिढ़ाया करते...पैसों की तंगी होने लगी इधर बच्चे गोपा को और ज्यादा चिढ़ाकर तंग करने लगे। सोचा अभी छोटी है, समझती कम है, जब बड़ी होगी तब गोपा को कितना बुरा लगेगा, मेरी गोपा दुःखी हो जाया करेगी और कहीं मैं मर गई तो...फिर बहिन जी! मेरे मरने के बाद गोपा की जो दुर्दशा होगी उसे सोचकर मैं पागल हो गई और उस दुर्दशा तक गोपा न पहुँच सके, इसलिए..."। जहाँ मध्यवर्गीय स्त्री की यह अवस्था हो वहाँ निर्धन स्त्री के वात्सल्य की विवशता किसे समझ में आएगी?

सामाजिक हृदय हीनताओं के एक से एक घिनौने प्रकार देखने को मिलते हैं। उनमें से एक जाति व्यवस्था है। सुभद्रा कुमारी चौहान छुआछूत नहीं मानती थीं। उनका जाति विभाजन में कोई विश्वास नहीं था—वे परमात्मा की बनाई मनुष्य की दो ही जातियाँ मानती थीं—एक पुरुष और दूसरी स्त्री। जाति व्यवस्था की सहज शिकार स्त्री पर उन्होंने विशेष ध्यान दिया।

सुभद्रा कुमारी चौहान की नायिकाएँ अगर कहीं विद्रोह करती भी हैं तो वह गाँधीवादी शैली में, मौन, मूक। उनके प्रतिरोध का स्वर मुखर नहीं है। उनकी कहानियों का संयम गाँधी के सत्याग्रह और प्रतिरोध, उनके नैतिक अनुशासन और संवेदना से सधा हुआ है। चूँकि उनकी कहानियाँ स्त्री केन्द्रित है अतः उनमें स्त्री विमर्श देखा जाना बड़ा स्वाभाविक है। इस ओर सुमन राजे इस प्रकार संकेत करती हैं–''सुभद्रा कुमारी की अधिकांश कहानियाँ शिक्षित बहुओं की समस्याओं को आधार बनाकर लिखी गई हैं वे प्रामाणिक भी हैं और यथार्थ भी परन्तु उनके चरित्र में ऐसी भीतरी शक्ति या विद्रोह भावना नहीं पाई जाती जो समाज की इस निर्दयता पूर्ण व्यवस्था को अस्वीकार कर सके।'' हर युग का रचनाकार अपने आदर्श अपनी कालावधि से चुनता है। भविष्य में होने वाली आलोचनाओं से बेखबर। इसलिए सुभद्रा कुमारी चौहान का स्त्री विमर्श अपने आसपास की देखी हुई स्त्री के उन असह्य दुखों से आरंभ होता है जो किसी को चौंकाता नहीं। समाज इन अन्यायों का इतना अभ्यस्त है कि उसे नैसर्गिक मान बैठा है। नैसर्गिक और चिरन्तन। और इसमें बाहर से परिवर्तन कैसा! चिरन्तन में परिवर्तन का प्रश्न कैसा! हाँ नैसर्गिक बदल सकता है तो उसे स्वयं बदलना होगा। इसलिए समाज ने स्त्री की दुर्दशा के लिए स्त्री को संपूर्ण रूप से उत्तरदायी ठहराकर उसकी शिक्षा के आरंभ से उपजे जागरण में ही स्त्रियों के लिए उपदेशों का पिटारा खोल दिया गया। 'क्या करें' और 'क्या ना करें' की पहले से सुनिश्चित और सुव्याख्यायित उपदेशमालिका शिक्षा की तनिक-सी सुविधा के साथ स्त्री को पुनः थमायी गयी, इस बार थोड़ी भिन्न और आधुनिक दिखने वाली भाषा में। सुभद्रा कुमारी चौहान की स्त्री चिंता में परिवर्तन की यह सूक्ष्म धमक इस रूप में है कि उनके यहाँ स्त्रियों को उपदेश नहीं दिए गए हैं बल्कि उनकी स्थितियों और उनके जीवन से जुड़े हर पक्ष पर प्रश्न उठाए गए हैं। देश की तेजी से बदलती परिस्थितियाँ स्त्रियों के पक्ष में भी बदल रही थीं। सुधा चौहान ने तत्कालीन स्थितियों में अपनी माँ सुभद्रा कुमारी चौहान का अत्यंत सटीक विश्लेषण किया है...''देश का राजनैतिक आंदोलन शिथिल हो गया था।...लेकिन आंदोलन के शिथिल होने पर समाज की बुराइयाँ और कार्यकर्ताओं के चरित्र का कर्दम सिर उठाने लगता है।...सत्याग्रह आंदोलन के शिथिल होने पर समाज की जो कुठाएँ थीं वे फिर उभरने लगीं। सुभद्रा सामाजिक कार्यकर्ता के रूप में जेल जा चुकी थीं, पर्दा छोड़ चुकी थीं, छुआछूत नहीं मानती थीं, पुरुषों के साथ कंधे से कंधा मिलाकर काम करती थीं और जहाँ उनकी स्त्री मित्र थीं वहाँ पुरुष मित्र भी थे। स्पष्ट ही है कि आज से 40-50 साल पहले इस प्रकार के नारी रूप को कितनी भर्त्सना, कितना लांछन न सहना पड़ा होगा।...उसकी चोट और उसका अनुपात तो उनके हृदय को व्यथित

करता ही था। उस पीड़ा को वे कब तक मन में सँजोए रखतीं? अंत में उस प्रताड़ित नारी मन ने अपनी अभिव्यक्ति कहानी के माध्यम से पाई।''

सुभद्रा कुमारी चौहान की कहानियों की पीड़ाभिव्यक्ति की यह सोद्देश्यता उन्हें मध्य और अभिजात वर्गीय निरुद्देश्य कलाविलासी कहानीकारों की पंक्ति से विलगाती है। उनकी कहानियों की उद्देश्यपरकता गाँधी की मृदु दृढ़ता से संचालित होती है। पुरुष के स्वार्थ, कलुष और लोलुपता से पिसते नारी समाज के अंतर्मन के हाहाकार को सामने लाने के लिए उन्होंने 'बिखरे मोती' समेटे। अपने इस प्रथम कहानी-संग्रह के 'आत्मनिवेदन' में वे स्पष्ट कर देती हैं–''रूढ़ियों और सामाजिक बंधनों की शिलाओं पर अनेक निरपराध आत्माएँ प्रतिदिन ही चूर-चूर हो रही हैं। उनके हृदय बिंदु जहाँ-तहाँ मोतियों के समान बिखरे पड़े हैं...। मेरे इस प्रयत्न में कला का लोभ है और अन्याय के प्रति क्षोभ भी। सभी मानवों के हृदय एक से हैं। वे पीड़ा से दुखित, अत्याचार से रुष्ट और करुणा से द्रवित होते हैं।...समाज और गृहस्थी के भीतर जो घात-प्रतिघात निरन्तर होते रहते हैं उनकी यह प्रतिहर्ता मात्र हैं।''

तो उनकी कहानियाँ उन औरतों, शोषितों, वंचितों की हैं जिन्हें देखते-सुनते तो सभी हैं पर उस तरह 'हृदय तंत्री' से नहीं जोड़ पाते। 'बिखरे मोती' में ये दो पंक्तियाँ छपी थीं–

जिनकी आशा-अभिलाषा है चूर-चूर होकर सोती
उनके ही दृग-जल से धुलकर निखरे ये बिखरे मोती।

सुभद्रा कुमारी चौहान उस भारतीय समाज की कहानियाँ कहती हैं जहाँ आठ-नौ वर्ष की लड़की से भी पर्दा करवाया जाता था। इसलिए 'थाती' की अल्हड़ विवाहिता पति के अतिरिक्त किसी और से हँसने-बतियाने के अधिकार से वंचित है और पूछ रही है कि दर्द की यह थाती किसे सौंपूँ? वस्तुतः उसे अपनी यह थाती, दर्द की ही सही किसी को सौंपने का भी अधिकार है क्या!

ससुराल में विवाहित स्त्री की स्थिति और विधवा की दुर्दशा उनकी कई कहानियों का विषय है। आर्थिक रूप से परावलम्बी स्त्री के सभी गुण मिट्टी हो गए। उसे 'नागरिक' होने अधिकार मिलने तो दूर, 'गृहस्वामिनी', 'गृहलक्ष्मी' की पदवियों के छलावों के साए भी नहीं मिले। उनकी अपनी इच्छा, विचार और स्वातंत्र्य तो दूर उनके मनुष्य होने तक को नकारा गया। स्त्री के व्यक्तित्व और स्वातंत्र्य की मौलिक माँग को सुभद्रा कुमारी चौहान ने 'उन्मादिनी' के निवेदन में सामने रखा–''मनुष्य की आत्मा स्वतंत्र है, फिर चाहे वह स्त्री के अंदर निवास करती हो चाहे पुरुष शरीर के अंदर। इसी से पुरुष और स्त्री का अपना-अपना व्यक्तित्व अलग रहता है। स्त्री के हृदय को पहचानो और उसको चारों ओर फैलने

और विकसित होने का अवसर दो, यह न भूल जाओ कि उसका अपना भी एक व्यक्तित्व है।'' सुभद्रा कुमारी चौहान के ''सीधे-सादे चित्र'' में विकसित व्यक्तित्व वाले कुछ नारी पात्र आए भी हैं। उनकी नायिकाएँ प्रतिकूल सामाजिक परिस्थितियों में विजयिनी नहीं होतीं। हालांकि वे उपरोक्त निवेदन में प्राचीन रूढ़ियों पर आधारित स्त्री-पुरुष संबंधों की नींव हिलने की चेतावनी देती है किंतु यह 'हिल-डुल' शायद बहुत धीमी है। संभवतः इसीलिए सुभद्रा कुमारी चौहान की विधवाएँ सुयोग पाकर भी पुनर्विवाह नहीं करतीं और संस्कृति द्वारा सुझाया गया तपपूर्ण जीवन स्वीकार कर लेती हैं। 'कल्याणी' के पास विवाह न करने का एक तर्क है कि वह दूसरी स्त्री के अधिकारों का हनन करना नहीं चाहती। स्त्री होकर वह स्त्री के कष्टों का कारण बनना नहीं चाहती। अन्य विधवाओं द्वारा पुनर्विवाह न कर तप-त्यागमय जीवन को चुनने का उत्तरदायित्व उस समय की संवेदना पर छोड़ देना उचित होगा। इस प्रश्न को प्रेमचंद तक ने अधिक नहीं छेड़ा था। प्रेम करने वाली विधवा को उन्हें भी मार देना पड़ा।

उच्च तथा मध्यवर्ग की स्त्रियों की वैषम्यपूर्ण स्थितियों पर लिखी गई इनकी कहानियों में एक अत्यंत महत्त्वपूर्ण कहानी है 'बड़े घर की बात'। राजेन्द्र यादव के उपन्यास 'सारा आकाश' का आरंभ और और उसकी पृष्ठभूमि यहीं से लिए गए मालूम होते हैं। विधुर मनोहर की दूसरी मैट्रिक पास शिक्षिता पत्नी फूल अपने संकोच के कारण विवाह की रात ही अपने पति के आँखों में खटक गई—''फूलशय्या के दिन फूल और मनोहर में तनातनी हो गई। फूल स्वभाव से ही कम बोलने वाली और लजीली थी। उधर मनोहर ऐंग्लों इंडियन छोकरियों के साथ सिनेमा थियेटर देख चुके थे, उनकी उच्छृंखलता और उद्दण्डता के आदी थे, वे सपना देखते थे कि उनके कमरे में पैर रखते ही नववधू मुस्कराती हुई 'हल्लो डार्लिंग' कहकर बिठाएगी, उनसे घुल मिलकर प्रेम की बातें करेंगी...। ये आशाएँ उन्होंने नववधू से इसलिए की थीं कि वह मैट्रिक पास थी और उसने अपने छोटे से जीवन के अधिकांश दिन बोर्डिंग हाउस में ही बिताए थे।''

किन्तु नववधू चुपचाप एक पुस्तक के पन्ने पलटती मिलती है, पति को देख कोने में सिमट जाती है। उपन्यास में समर जो सोच कर रह गया था मनोहर कह देता है, ''क्या स्कूल और घर में यही शिक्षा मिली है कि आए हुए पति की तरफ पीठ करके खड़ी हो जाओ...मैंने तो समझा था पढ़ी-लिखी है तो कुछ अकल भी होगी लेकिन वही गँवार की गँवार।...मनोहर गुस्से से 'शकल चुड़ैलों की नखरे परियों के' कहते-कहते सीढ़ियों से नीचे उतर गए; फूल चुपचाप आँसू बहाती हुई खड़ी रही।'' उपन्यास में प्रभा की ससुराल की गली में किसी ने आत्महत्या की है, कहानी में फूल से पहले मनोहर की पहली पत्नी कुमुद जहर खाकर आत्महत्या कर

चुकी है। "बड़े घर की बात बाहर कहाँ आती है। हार्टफेल हो जाने से मृत्यु हो गई कहकर मामला रफा-दफा कर दिया गया।" फूल का भी यही परिणाम होता है, बस इस अंतर के साथ कि वह पति के नाम माफी का पत्र लिखती हुई पति द्वारा ही प्रताड़ित होती है। इतनी प्रताड़ित होती है कि उसे भी क्रोध आ जाता है। पत्नी का मामूली क्रोध मनोहर को उसे तब तक मारने के लिए उकसाने को पर्याप्त है जब तक वह मर न जाये। "दूसरे दिन अचानक मोहल्ले भर में यह हवा फैल गई कि मनोहर की दूसरी स्त्री का भी हार्ट फेल हो गया। अर्थी के साथ बहुत से लोग थे जो असली वाकये से वाकिफ थे मगर शहर के इतने बड़े और पायेदार आदमी के खिलाफ जबान खोलने की किसे हिम्मत थी। उँह मर गई तो मर भी जाने दो, स्त्री ही तो थी। कल तीसरी आ जाएगी।" यह कहानी सीधी चोट करती है। इसका सशक्त कथ्य ही इसका शिल्प है।

सुभद्रा कुमारी चौहान ने अपनी कहानियों ही नहीं कविताओं में भी स्त्री प्रश्न को तनिक भिन्न कोण से सम्बोधित किया है। उनके 'दृष्टिकोण' की इस भिन्न राधा और मीरा का असीम समर्पण भारतीय राधिकाओं को अत्यंत आकर्षित करता रहा है, उनको भी करता है—

थीं मेरा आदर्श बालपन से
तुम मानिनी राधे
तुम सी बन जाने को मैंने
व्रत नियमादिक साधे

किंतु यह साधना कृष्ण आचरण पर संदेह पैदा होने से नहीं रोक सकती, इसलिए वे राधा से पूछती हैं—

तुम्हें छोड़कर बन बैठे जो
मथुरा नगर निवासी
कर कितने ही ब्याह हुए जो
सुख सौभाग्य विलासी
जीवन का न्यौछावर हा हा
तुच्छ उन्होंने लेखा
गए, सदा के लिए
फिर भी न मुड़कर देखा

हिंदी साहित्य में मैथिलीशरण गुप्त की यशोधरा, उर्मिला का स्मरण और चरित्र-चित्रण तो खूब हुआ है किंतु राधा का प्रश्न बहुत बाद में बस धर्मवीर

भारती ने पूछा–"इतिहास में गूँथने से क्यों हिचक गए प्रभु।" राधा-बालपन से भले ही सुभद्रा कुमारी चौहान का आदर्श रही हो पर कृष्ण का आचरण उन्हें संताप देता है–

ले आदर्श तुम्हारा रह-रह
मैं मन को समझाती हूँ
किंतु बदलते भाव न मेरे
शांति नहीं पाती हूँ

प्रश्नों के उठ खड़े होने की यह अशांति ही सुभद्रा कुमारी चौहान की कहानियों और उसके प्रश्न विशेषकर स्त्री प्रश्नों को महत्त्वपूर्ण बनाती है। उनका भिन्न 'दृष्टिकोण' इस बात की पड़ताल करता है कि कैसे समाज स्त्री और पुरुष के चरित्र से सम्बन्ध में अलग-अलग दृष्टिकोण रखता है तथा जीवन साथी के रूप में घोषित दो प्राणियों में से पत्नी नामक साथी का घर पर और घर में कितना अधिकार है–अबला असहाय बाल विधवा बिट्टन के गर्भवती हो जाने पर उसे कोई सहारा नहीं देता। उसकी बहन निर्मला जब यह दुस्साहस करना चाहती है तब उसे पता चलता है कि निर्मला जिसे अपना ही घर समझती है उस पर उसका कोई अधिकार नहीं है। उसका पति ही स्वामी है। निर्मला झगड़ती है, जब तुम अपने चरित्रहीन पुरुष मित्रों की आवभगत कर सकते हो तो मैं असहाय बिट्टन को आसरा क्यों नहीं दे सकती। क्या इस घर पर मेरा कोई अधिकार नहीं है? प्रश्न के बदले में वह पति से थप्पड़ खाती है। कहानी के अंत में निर्मला का 'दृष्टिकोण' बदल जाता है–"वह बहुत बच-बचकर घर का काम कर रही थी। उसके चेहरे पर कोई विशेष परिवर्तन न था, न तो यही प्रगट होता था कि खुश है और न यह कि नाराज है। हाँ उसमें एक परिवर्तन था कि अब उसके व्यवहार में हुकूमत की झलक न थी। वह अपने को उन्हीं दो-तीन नौकरों में से एक समझती थी, जो घर में काम करने के लिए होते हैं मगर जिनका कोई अधिकार नहीं होता।"

स्त्री-विमर्श का यह प्रश्न कि औरत का घर कहाँ है बड़ा पुराना है। एक पुरुष को 'होमलेस' (गृहविहीन) कहने और एक स्त्री को 'होमलेस' कहने में अंतर है। मध्य और उच्च वर्ग की इस 'होमलेस' स्त्री से भी विकट समस्या वेश्याओं की है। कांग्रेस में शामिल किए जाने और बाद में बोलने का अधिकार मिलने पर महिलाओं ने सबसे पहले वेश्याओं का प्रश्न उठाया था। एक दूसरे के सामने भयंकर स्पर्द्धा में खड़ी कर दी गई 'सती' और 'वेश्या' का प्रश्न स्त्री को 'मानवी' समझने वालों को बेचैन कर देने वाला था। उनके द्वारा इस प्रश्न पर लिखना स्वाभाविक था। इस प्रश्न की मार्मिकता को और स्पष्ट करने के लिए सुभद्रा

कुमारी चौहान ने वेश्या को नहीं 'वेश्या की लड़की' को चुना है। पूरी कहानी में स्त्री के सतीत्व को प्राथमिकता दी गई है। कहानी की नायिका छाया अपनी माँ से इसलिए संबंध तोड़ लेती है कि उसकी माँ मंदिर में गाती है। अपने प्रेमविवाह के बाद छाया अपने पति के चरणों पर प्राण लुटा देने के सारे यत्न करती है। उसके पति ने भी अपने माता-पिता परिवार को छोड़कर उससे विवाह कर एक क्रांतिकारी कदम उठाया है पर...।

धीरे-धीरे पति समाज की प्रभावी विचारधारा की गिरफ्त में आ जाता है कि वेश्या की लड़की सती नहीं हो सकती। उसकी रगों में बहता वेश्या का खून उसे पतिता ही बनाएगा। यहाँ पर यह कहानी स्त्री के पक्ष में एक सशक्त बयान देती है। सुभद्रा कुमारी चौहान प्रश्न करती हैं कि क्या स्त्री समाज द्वारा निर्धारित चारित्रिक परिभाषाओं से ही अनन्त काल तक पहचानी जाएगी? छाया स्वयं को मिटाकर इस प्रश्न का उत्तर देती है कि वेश्या की लड़की भी सीता सावित्री हो सकती है। छाया के बलिदान से केवल एक हृदय परिवर्तित होता है—उसके पति प्रमोद का जो उसकी आत्महत्या के बाद अपना मानसिक संतुलन खो देता है।

किंतु छाया जैसियों को मरने से नहीं बचाया जा सकता। सुभद्रा कुमारी चौहान की कहानियों में स्त्री के दुःखदायी परिणामों पर आचार्य हजारी प्रसाद द्विवेदी का 'कल्पलता' में कहना है, "ऐसे प्रसंगों में सर्वत्र एक दुःख पूर्ण स्वर कहानी का परिणाम होता है जो चरित्र के भीतरी विकास से नहीं सामाजिक बाह्य परिस्थितियों के साथ दुःखी व्यक्ति के असामंजस्य के कारण होता है।"

सुभद्रा कुमारी चौहान की बहुत सी कहानियाँ शिक्षित बहुओं की समस्याओं पर लिखी गई हैं जिनके प्रामाणिक और सच्चे होने में किसी को संदेह नहीं। हालाँकि उसमें जैनेन्द्र की नारी की तरह भीतरी शक्ति या विद्रोह से इस समाज की अन्यायपूर्ण व्यवस्था को संपूर्ण रूप से अस्वीकारती नायिका नहीं है। उनकी कहानियों में नैतिकता का नकार भी नहीं है। ये कहानियाँ स्त्री और पुरुष के लिए भिन्न नैतिक मानदंडों को ईश्वरीय विधान माने जाने पर प्रश्न उठाती कहानियाँ हैं। सुभद्रा कुमारी चौहान कहने से नहीं हिचकतीं कि "जिस नारी ने पति को परमेश्वर माना है उस पति परमेश्वर ने नारी को सदा दबाया है, जानवरों से भी बीता समझा है।" इसके साथ ही उनकी कहानियाँ इक्कीसवीं सदी की नारी द्वारा पुरुष की तर्ज पर नैतिकता के नकार यानी एक बेईमानी का दूसरी बेईमानी से प्रतिकार करती कहानियाँ भी नहीं हैं।

रामविलास शर्मा ने लिखा है "उनके राजनैतिक विचार उलझे हुए थे किंतु उनकी संवेदना सुलझे विचार वालों से बहुत गहरे स्तर की थी।" इसी गहरी संवेदना से वे स्त्री-पुरुष मैत्री का प्रश्न बार-बार उठाती हैं। क्या स्त्री-पुरुष में मैत्री

संभव है या उनका रिश्ता आग और घी जैसा है? एक दूसरे को बौद्धिक और मानसिक वृद्धि और संतुष्टि देने वाली नैतिक मित्रता दोनों के बीच क्यों कर स्वीकार्य नहीं है? सुभद्रा कुमारी चौहान ने इस प्रश्न को कई बार उठाया है। जोखिम उठाकर कहा जा सकता है कि अच्छा-खास पाठ तैयार होने के बाद भी बाद का स्त्री-विमर्श न इस प्रश्न का गुरुत्व समझ सका है और न ही उस तीखेपन से पूछ सका है—क्या स्त्री और पुरुष मित्र नहीं हो सकते हैं? पढ़ी-लिखी औरतें जब से घर बाहर पुरुषों के कंधे से कंधा मिलाने निकलीं तो साहचर्य का बंधुत्व में बदलना स्वाभाविक था। इधर भारतीय परंपरा के पास कृष्ण और द्रौपदी की मित्रता के अतिरिक्त अन्य कोई दृष्टान्त नहीं था, तिस पर भी कृष्ण अवतार थे। अतः अपनी कहानी 'पवित्र ईर्ष्या' में राखी बंद भाई के माध्यम से इस मैत्री की समस्या को उठाकर उन्हें अपनी कहानी 'मंझली रानी' में साफ-साफ कहना पड़ा—"वो मेरे कौन थे? मैं क्या बताऊँ? वैसे देखा जाए तो ये मेरे कोई भी न होते थे। होते भी तो कैसे? मैं ब्राह्मण वे क्षत्रिय, मैं स्त्री वे पुरुष। फिर न तो रिश्तेदार हो सकते थे और न मित्र। आह! यह क्या कह डाला मैंने! मित्र? भला किसी स्त्री का कोई पुरुष मित्र भी हो सका है? और यदि हो भी तो क्या समाज इसे बर्दाश्त करेगा? यहाँ तो किसी पुरुष का किसी स्त्री से मिलना-जुलना या किसी प्रकार का व्यवहार रखना ही पाप है। और यदि कोई स्त्री किसी पुरुष से किसी प्रकार का व्यवहार करती है, प्रेम से बातचीत करती है तो वह स्त्री भ्रष्टा है, चरित्रहीन है, नहीं तो पर-पुरुष से मिलने-जुलने का और मतलब ही क्या हो सकता है?"

इस कथन में सुभद्रा कुमारी चौहान के 'भोगे हुए यथार्थ' को निश्चयपूर्वक देखा जा सकता है। स्वानाभूति सहानुभूति की कलापूर्ण अभिव्यक्ति बन गई है।

सुभद्रा कुमारी चौहान ने अपने अकुंठ स्वभाव जैसी सीधी-सादी सरल भाषा का प्रयोग किया। उनकी कर्मभूमि जबलपुर उनकी कहानियों का घटना केंद्र है। उस समय मध्यप्रदेश का छोटा-सा शहर जबलपुर केवल सुभद्रा कुमारी चौहान के कार्यक्षेत्र के रूप में नहीं पूरे हिंदुस्तान के सामाजिक, सांस्कृतिक और ऐतिहासिक इकाई के रूप में प्रयुक्त है। उनकी जबलपुर की जेल यात्राओं ने उन्हें कहानी के पात्र ही नहीं दिए बल्कि सत्याग्रह के दिनों में कहानी लिखने के लिए अतिदुर्लभ एक महीने का अवकाश भी दिया जिसमें वे पंद्रह कहानियाँ लिख पाई थीं। एक कथा लेखिका की निजी परेशानियों और समयाभाव की आपबीती को उन्होंने 'चढ़ा दिमाग' कहानी में दर्शाया भी है। देशप्रेम और वात्सल्य उनकी कहानियों के अन्य मूल बिंदु हैं। 'हींगवाला में यह वात्सल्य और सांप्रदायिक सौहार्द्र घुले-मिले हैं।

"बिखरे मोती में उन्होंने अपने कहानी लेखन का लक्ष्य स्पष्ट किया—'मेरे

बिखरे मोती' भारतीय मानवता के उत्थान में कुछ भी सहायक हो सके, ध्वंस होती हुई भारतीय संस्कृति और विचार-आदर्शों का विश्वव्यापी जन आंदोलन को तनिक भी गति और सामयिकता दे सकें अथवा नव-भारत-स्वाधीन भारत के पुनर्निर्माण को लेशमात्र भी क्रियाशील कर सके मैं समझूँगी मैं और मेरे 'बिखरे मोती' कृतकृत्य हुए।''

सुभद्रा कुमारी चौहान अपने जीवन में सदा अन्याय, अविचार और असंगतियों के विरुद्ध मुखर रहीं। जीवन के प्रति उनका उत्कट प्रेम उन्हें विशिष्ट बनाता है। 44 वर्ष के अपने छोटे से जीवन में समाज को बदलने के लिए वे आजीवन धारा के विरुद्ध जूझती रहीं।

जुझारू होना एक गुण है और लगातार सारी उम्र जुझारू बने रहना अन्याय का विरोध करना, वह अन्याय चाहे कहीं भी हो किसी पर भी हो, एक विरल विशेषता है। सुभद्रा कुमारी चौहान ने अपने इस जन्मना गुण को गाँधी के सम्पर्क में और निखारा। उनके जीवन के आखिरी दिनों तक उनका यह दुर्लभ गुण उनके साथ रहा।

इस समग्र की एक उपलब्धि सुभद्रा कुमारी चौहान के भाषण हैं जिनसे उनके ओजस्विनी वक्ता रूप का परिचय मिलता है। सुभद्रा कुमारी चौहान समग्र की योजना और उसके क्रियान्वयन के लिए अजय जी को विशेष धन्यवाद–

रूपा गुप्ता
प्रोफेसर, विभागाध्यक्षा
हिन्दी विभाग
वर्द्धमान विश्वविद्यालय
गुलाब बाग
वर्द्धमान(पश्चिम बंगाल)

फूल के प्रति

डाल पर के मुरझाये फूल!
हृदय में मत कर वृथा गुमान।
नहीं है सुमन कुंज में अभी।
इसी से है तेरा सम्मान॥

मधुप जो करते अनुनय विनय
बने तेरे चरणों के दास।
नयी कलियों को खिलती देख।
नहीं आवेंगे तेरे पास॥

सहेगा कैसे वह अपमान?
उठेगी वृथा हृदय में शूल।
भुलावा है, मत करना गर्व
डाल पर के मुरझाये फूल!!

मुरझाया फूल

यह मुरझाया हुआ फूल है,
इसका हृदय दुखाना मत।
स्वयं बिखरने वाली इसकी
पंखड़ियाँ बिखराना मत।

गुज़रो अगर पास से इसके
इसे चोट पहुँचाना मत।
जीवन की अन्तिम घड़ियों में
देखो, इसे रुलाना मत।

अगर हो सके तो ठण्डी!
बूँदें टपका देना प्यारे!
जल न जाय सन्तप्त-हृदय
शीतलता ला देना प्यारे॥

कलह-कारण

कड़ी आराधना करके बुलाया था उन्हें मैंने।
पदों को पूजने के ही लिए थी साधना मेरी॥
तपस्या नेम व्रत करके रिझाया था उन्हें मैंने।
पधारे देव, पूरी हो गयी आराधना मेरी॥

उन्हें सहसा निहारा सामने, संकोच हो आया।
मुँदीं आँखें सहज ही लाज से नीचे झुकी थी मैं॥
कहूँ क्या प्राणधन से यह हृदय में सोच हो आया।
वही कुछ बोल दें पहले, प्रतीक्षा में रुकी थी मैं॥

अचानक ध्यान पूजा का हुआ, झट आँख जो खोली।
नहीं देखा उन्हें, बस सामने सूनी कुटी दीखी॥
हृदयधन चल दिये, मैं लाज से उनसे नहीं बोली।
गया सर्वस्व, अपने आपको दूनी लुटी दीखी॥

चलते समय

तुम मुझे पूछते हो 'जाऊँ'?
मैं क्या जवाब दूँ तुम्हीं कहो!
'जा.....' कहते रुकती है जबान
किस मुँह से तुमसे कहूँ रहो!

सेवा करना था जहाँ मुझे
कुछ भक्ति-भाव दरसाना था।
उन कृपा-कटाक्षों का बदला
बलि होकर जहाँ चुकाना था।

मैं सदा रूठती ही आयी,
प्रिय! तुम्हें न मैंने पहचाना।
वह मान बाण-सा चुभता है,
अब देख तुम्हारा यह जाना॥

मेरे पथिक

हठीले मेरे भोले पथिक ! किधर जाते हो आकस्मात्।
अरे क्षण भर रुक जाओ यहाँ, सोच तो लो आगे की बात॥
यहाँ के घात और प्रतिघात, तुम्हारा सरस हृदय सुकुमार।
सहेगा कैसे? बोलो पथिक! सदा जिसने पाया है प्यार॥
जहाँ पद-पद पर बाधा खड़ी, निराशा का पहिरे परिधान।
लांछना डरवायेगी वहाँ हाथ में लेकर कठिन कृपाण॥
चलेगी अपवादों की लहू, झुलस जावेगा कोमल गात।
विकलता के पलने में झूल, बिताओगे आँखों में रात॥
विदा होगी जीवन की शान्ति, मिलेगी चिर सहचरी अशान्ति।
भूल मत जाओ मेरे पथिक, भुलावा देती तुमको भ्रान्ति॥

जीवन-फूल

मेरे भोले मूर्ख हृदय ने कभी न इस पर किया विचार।
विधि ने लिखी भाल पर मेरे सुख की घड़ियाँ दो ही चार॥
छलती रही सदा ही मृगतृष्णा-सी आशा मतवाली।
सदा लुभाया जीवन साकी ने दिखला रीती प्याली॥
मेरी कलित कामनाओं की ललित लालसाओं की धूल।
आँखों के आगे उड़-उड़ करती है व्यथित हृदय में शूल॥
उन चरणों की भक्ति भावना मेरे लिए हुई अपराध।
कभी न पूरी हुई अभागे जीवन की भोली-सी साध॥
मेरी एक-एक अभिलाषाओं का कैसा ह्रास हुआ।
मेरे प्रखर पवित्र प्रेम का किस प्रकार उपहास हुआ॥
मुझे न दुख है जो कुछ होता हो उसको हो जाने दो।
निठुर निराशा के झोंकों को मनमानी कर जाने दो॥
हे विधि इतनी दया दिखाना मेरी इच्छा के अनुकूल।
उनके ही चरणों पर बिखरा देना मेरा जीवन-फूल॥

भ्रम

देवता थे वे, हुए दर्शन, अलौकिक रूप था।
देवता थे, मधुर सम्मोहन स्वरूप अनूप था॥
देवता थे, देखते ही बन गयी थी भक्त मैं।
हो गयी उस रूप-लीला पर अटल आसक्त मैं॥

देर क्या थी? यह मनोमन्दिर यहाँ तैयार था।
वे पधारे, यह अखिल जीवन बना त्यौहार था॥
झाँकियों की धूम थी, जगमग हुआ संसार था।
सो गयी सुख नींद में आनन्द अपरम्पार था॥

किन्तु उठ कर देखती हूँ, अंत है जो पूर्ति थी।
मैं जिसे समझे हुए थी देवता, वह मूर्ति थी॥

समर्पण

सूखी-सी अधखिली कली है
परिमल नहीं, पराग नहीं।
किन्तु कुटिल भौंरों के चुम्बन
का है इन पर दाग नहीं॥

तेरी अतुल कृपा का बदला
नहीं चुकाने आयी हूँ।
केवल पूजा में ये कलियाँ
भक्ति-भाव से लायी हूँ॥

प्रणय-जल्पना चिन्त्य-कल्पना
मधुर वासनाएँ प्यारी।
मृदु अभिलाषा, विजयी आशा
सजा रही थीं फुलवारी॥

किन्तु गर्व का झोंका आया
यदपि गर्व वह था तेरा।
उजड़ गयी फुलवारी सारी
बिगड़ गया सब कुछ मेरा॥

बची हुई स्मृति की ये कलियाँ
मैं समेट कर लायी हूँ।

तुझे सुझाने, तुझे रिझाने
तुझे मनाने आयी हूँ॥

प्रेम-भाव से हो अथवा हो
दया-भाव से ही स्वीकार।
ठुकराना मत, इसे जानकर
मेरा छोटा-सा उपहार॥

ठुकरा दो या प्यार करो

देव ! तुम्हारे कई उपासक
कई ढंग से आते हैं।
सेवा में बहुमूल्य भेंट वे
कई रंग की लाते हैं॥

धूमधाम से, साजबाज से
वे मन्दिर में आते हैं।
मुक्ता-मणि बहुमूल्य वस्तुएँ
लाकर तुम्हें चढ़ाते हैं॥

मैं ही हूँ गरीबिनी ऐसी
जो कुछ साथ नहीं लायी।
फिर भी साहस कर मन्दिर में
पूजा करने को आयी॥

धूप-दीप-नैवेद्य नहीं है
झाँकी का शृंगार नहीं।
हाय! गले में पहनाने को
फूलों का भी हार नहीं॥

कैसे करूँ कीर्तन,
मेरे स्वर में है माधुर्य नहीं।

मन का भाव प्रकट करने को
वाणी में चातुर्य नहीं॥

नहीं दान है, नहीं दक्षिणा
खाली हाथ चली आयी।
पूजा की विधि नहीं जानती
फिर भी नाथ ! चली आयी॥

पूजा और पुजापा प्रभुवर!
इसी पुजारिन को समझो।
दान-दक्षिणा और निछावर
इसी भिखारिन को समझो॥

मैं उन्मत्त प्रेम की लोभी
हृदय दिखाने आयी हूँ।
जो कुछ है, वह यही पास है,
इसे चढ़ाने आयी हूँ॥

चरणों पर अर्पित है, इसको
चाहो तो स्वीकार करो।
यह तो वस्तु तुम्हारी ही है।
ठुकरा दो या प्यार करो॥

स्मृतियाँ

क्या कहते हो? किसी तरह भी
भूलूँ और भुलाने दूँ?
गत जीवन को तरल मेघ-सा,
स्मृति-नभ में मिट जाने दूँ?

शान्ति और सुख से ये
जीवन के दिन शेष बिताने दूँ?
कोई निश्चित मार्ग बनाकर
चलूँ, तुम्हें भी जाने दूँ?

कैसा निश्चित मार्ग? हृदय-धन!
समझ नहीं पाती हूँ मैं।
वही समझने एक बार फिर,
क्षमा करो, आती हूँ मैं॥

जहाँ तुम्हारे चरण, वहीं पर
पद-रज बनी पड़ी हूँ मैं।
मेरा निश्चित मार्ग यही है,
ध्रुव-सी अटल अड़ी हूँ मैं॥

भूलो तो सर्वस्व ! भला वे
दर्शन की प्यासी घड़ियाँ।

भूलो मधुर मिलन को, भूलो
बातों की उलझी लड़ियाँ॥

भूलो प्रीति-प्रतिज्ञाओं को,
आशाओं, विश्वासों को,
भूलो अगर भूल सकते हो,
आँसू और उसासों को॥

मुझे छोड़कर तुम्हें प्राणधन!
सुख या शान्ति नहीं होगी।
यही बात तुम भी कहते थे
सोचो, भ्रान्ति नहीं होगी॥

सुख को मधुर बनाने वाले,
दुख को भूल नहीं सकते।
सुख में कसक उठूँगी मैं प्रिय!
मुझको भूल नहीं सकते॥

मुझको कैसे भूल सकोगे,
जीवन-पथ-दर्शक मैं थी।
प्राणों को थी प्राण, हृदय की,
सोचो तो, हर्षक मैं थी॥

मैं थी उज्ज्वल स्फूर्ति, पूर्ति
थी प्यारी अभिलाषाओं की।
मैं ही तो थी मूर्ति तुम्हारी
बड़ी बड़ी आशाओं की॥

आओ, चलो, कहाँ जाओगे,
मुझे अकेली छोड़ सखे!
बँधे हुए हो हृदय-पाश में,
नहीं सकोगे तोड़ सखे!

जाने दे

कठिन प्रयत्नों से सामग्री
एकत्रित कर लायी थी।
बड़ी उमंगों से मन्दिर में,
पूजा करने आयी थी॥

पास पहुँचकर देखा तो,
मन्दिर का द्वार खुला पाया।
हुई तपस्या सफल देव के
दर्शन का अवसर आया॥

हर्ष और उत्साह बढ़ा, कुछ
लज्जा, कुछ संकोच हुआ।
उत्सुकता, व्याकुलता कुछ-कुछ
कुछ संभ्रम, कुछ सोच हुआ॥

किन्तु लाज, संकोच त्याग कर
चरणों पर बलि जाऊँगी।
चिर संचित सर्वस्व पदों पर
सादर आज चढ़ाऊँगी॥

कह दूँगी अपने अन्तर की
कुछ भी नहीं छिपाऊँगी।

जैसी जो कुछ हूँ उनकी ही
हूँ, उनकी कहलाऊँगी॥

पूरी जान साधना अपनी
मन को परमानन्द हुआ।
किन्तु बढ़ी आगे, देखा तो
मन्दिर का पट बन्द हुआ॥

निठुर पुजारी! यह क्या मुझ पर
तुझे न तनिक दया आयी?
किया द्वार को बन्द और
मैं प्रभु को नहीं देख पायी?

करके कृपा पुजारी, मुझको
जरा वहाँ तक जाने दे।
प्रियतम के, थोड़ी-सी पूजा;
चरणों तक पहुँचाने दे॥

जी भर उन्हें देख लेने दे,
जीवन सफल बनाने दे।
खोल, खोल दे द्वार पुजारी!
मन की व्यथा मिटाने दे॥

बहुत बड़ी आशा से आयी हूँ,
मत कर तू मुझे निराश।
एक बार, बस एक बार, तू
जाने दे प्रियतम के पास॥

शिशिर-समीर

शिशिर-समीरण, किस धुन में हो,
कहो किधर से आती हो?
धीरे-धीरे क्या कहती हो?
या यों ही कुछ गाती हो?

क्यों खुश हो? क्या धन पाया है?
क्यों इतना इठलाती हो?
शिशिर-समीरण! सच बतला दो,
किसे ढूँढ़ने जाती हो?

मेरी भी क्या बात सुनोगी,
कह दूँ अपना हाल सखी?
किन्तु प्रार्थना है, न पूछना,
आगे और सवाल सखी॥

फिरती हुई पहुँच तुम जाओ,
अगर कभी उस देश सखी!
मेरे निठुर श्याम को मेरा
दे देना सन्देश सखी!

मिल जावें यदि तुम्हें अकेले,
हो ऐसा संयोग सखी!

किन्तु देखना वहाँ न होवें
और दूसरे लोग सखी!!

खूब उन्हें समझा कर कहना
मेरे दिल की बात सखी।
विरह-विकल चातकी मर रही
जल-जल कर दिन रात सखी!!

मेरी इस कारुण्य दशा का
पूरा चित्र बना देना।
स्वयं आँख से देख रही हो
यह उनको बतला देना!!

दरस-लालसा जिला रही है,
कह देना, समझा देना।
नासमझी यदि कहीं हुई हो
तो उसको सुलझा देना॥

कहना किसी तरह वे सोचें
मिलने को तदबीर सखी।
सही नहीं जाती अब मुझसे
यह वियोग की पीर सखी॥

चूर-चूर हो गया हृदय यह
सह-सह कर आघात सखी!
शिशिर-समीरण भूल न जाना।
कह देना सब बात सखी॥

पुरस्कार का मूल्य

मधुर-मधुर मीठे शब्दों में
मैंने गाना गाया एक।
वे प्रसन्न हो उठे खुशी से
शाबाशी दीं मुझे अनेक॥

निश्छल मन से मैंने उनकी
की सभक्ति सादर सेवा।
पाया मैंने कृतज्ञता
का उसी समय मीठा मेवा॥

नवविकसित सुरभित कलियाँ ले,
मैंने रुचि से किया सिंगार।
मेरी सुन्दरता की प्रिय ने
ली तुरन्त तस्वीर उतार॥

हुई प्रेम-विह्वल मैं उनके
चरणों पर बलिहार गयी।
बदले में प्रिय का चुम्बन पा
जीत गयी या हार गयी॥

उस शाबाशी से, कृतज्ञता से,
तस्वीर खिंचाने से।

हुई खुशी से मैं पागल-सी
प्रिय का चुम्बन पाने से॥

घटने लगा किन्तु धीरे-
धीरे यह पागलपन मेरा।
एक नशा था, उतर गया, हो
गया दुखी-सा मन मेरा॥

गाना एक और गाया, अब
केवल मन बहलाने को।
सेवा-भाव लिये निकली मैं
अब जन-कष्ट मिटाने को॥

सुन्दर खिले हुए फूलों से
किया आज भी साज-सिंगार
अखिल विश्व के लिए समेटे
अपने नन्हें उर में प्यार॥

मैं प्रसन्न थी, पर प्रसन्नता
मेरी आज निराली थी।
मैं न आज मैं थी यह कोई
विश्व-प्रेम-मतवाली थी॥

सेवा और श्रृंगार-प्रेम से
भरा हुआ मेरा गाना।
छिप कर सुनपा किसी ने
जिसका जान न पायी मैं आना॥

सुनने वाला बोला, पर क्या
शब्द सुनायी देते थे।
करते हुए प्रशंसा, विकसित
नेत्र दिखायी देते थे॥

‘पहिले में यह बात न थी,
यह है बेजोड़ निराला गीत।’
मेरी प्रसन्नता ने प्रतिध्वनि
किया कि प्यारे वह संगीत—

शाबाशी के पुरस्कार का
कोरा मूल्य चुकाती थी।
वही कमी उस पुरस्कार
की कीमत को दरशाती थी॥

चिन्ता

लगे आने, हृदय धन से
कहा मैंने कि मत आओ।
कहीं हो प्रेम में पागल
न पथ में ही मचल जाओ॥

कठिन है मार्ग, मुझको
मंजिलें वे पार करनी हैं।
उमंगों की तरंगें बढ़ पड़ें—
शायद फिसल जाओ॥

तुम्हें कुछ चोट आ जाये
कहीं लाचार लौटूँ मैं
हठीले प्यार से व्रत-भंग
की घड़ियाँ निकट लाओ॥

प्रियतम से

बहुत दिनों तक हुई परीक्षा
अब रूखा व्यवहार न हो।
अजी, बोल तो लिया करो तुम
चाहे मुझ पर प्यार न हो॥

जरा जरा सी बातों पर
मत रूठो मेरे अभिमानी।
लो प्रसन्न हो जाओ
गलती मैंने अपनी सब मानी॥

मैं भूलों की भरी पिटारी
और दया के तुम आगार।
सदा दिखायी दो तुम हँसते
चाहे मुझसे करो न प्यार॥

मानिनि राधे!

थीं मेरा आदर्श बालपन से
तुम मानिनि राधे।
तुम-सी बन जाने को मैंने
व्रत-नियमादिक साधे॥

अपने को माना करती थी
मैं वृषभानु-किशोरी।
भाव-गगन के कृष्णचन्द्र की
थी मैं चतुर चकोरी॥

था छोटा-सा गाँव हमारा
छोटी-छोटी गलियाँ।
गोकुल उसे समझती थी मैं
गोपी संग की अलियाँ॥

कुटियों में रहती थी, पर
मैं उन्हें मानती कुंजें।
माधव का सन्देश समझती
सुन मधुकर की गुंजें॥

बचपन गया, नया रंग आया
और मिला वह प्यारा।

मैं राधा बन गयी, न था वह
कृष्णचन्द्र से न्यारा॥

किन्तु कृष्ण यह कभी किसी पर
जरा प्रेम दिखलाता।
लग जाती है आग
हृदय में, कुछ भी नहीं सुहाता॥

खूनी भाव उठें उसके प्रति
जो हो प्रिय का प्यारा।
उसके लिए हृदय यह मेरा
बन जाता हत्यारा॥

मुझे बता दो मानिनि राधे।
प्रीति-रीति वह न्यारी।
क्यों कर थी उस मनमोहन पर
अविचल भक्ति तुम्हारी॥

तुम्हें छोड़कर बन बैठे जो
मथुरा - नगर - निवासी।
कर कितने ही ब्याह, हुए जो
सुख - सौभाग्य - विलासी॥

सुनतीं उनके गुण-गण को ही,
उनको ही गाती थीं!
उन्हें याद कर सब कुछ भूली
उन पर बलि जाती थीं॥

नयनों के मृदु फूल चढ़ातीं
मानस की मूरत पर।
रहीं ठगी–सी जीवन भर
उस क्रूर श्याम–सूरत पर॥

श्यामा कहलाकर, हो बैठीं
बिना दाम की चेरी।
मृदुल उमंगों की तानें थीं—
तू मेरा मैं तेरी॥

जीवन का न्यौछावर हा हा!
तुच्छ उन्होंने लेखा।
गये, सदा के लिए गये
फिर कभी न मुड़कर देखा॥

अटल प्रेम फिर भी कैसा था
कह दो राधारानी!
कह दो मुझे जली जाती हूँ,
छोड़ो शीतल पानी॥

ले आदर्श तुम्हारा, रह-रह
मैं मन को समझाती हूँ।
किन्तु बदलते भाव न मेरे
शान्ति नहीं पाती हूँ॥

आहत की अभिलाषा

जीवन को न्यौछावर करके तुच्छ सुखों को लेखा।
अर्पण कर सब कुछ चरणों पर तुम में ही सब देखा॥
थे तुम मेरे इष्ट देवता, अधिक प्राण से प्यारे।
तन से, मन से, इस जीवन से कभी न थे तुम न्यारे॥

अपना तुमको समझ, समझती थी, हूँ सखी तुम्हारी।
तुम मुझको प्यारे हो, मैं तुम्हें प्राण-सी प्यारी॥
दुनिया को परवाह नहीं थी, तुम में ही थी भूली।
पाकर तुम-सा सुहृद, गर्व से फिरती थी मैं फूली॥

तुमको सुखी देखना ही था जीवन का सुख मेरा।
तुमको दुखी देखकर पाती थी मैं कष्ट घनेरा॥
'मेरे तो गिरधर गोपाल तुम और न दूजा कोई।'
गोते-गाते कई बार हो प्रेम-विकल हूँ रोयी॥

मेरे हृदय-पटल पर अंकित है प्रिय नाम तुम्हारा।
हृदय देश पर पूर्ण रूप से है साम्राज्य तुम्हारा॥
है विराजती मन-मन्दिर में सुन्दर मूर्ति तुम्हारी।
प्रियतम की उस सौम्य मूर्ति की हूँ मैं भक्त पुजारी॥

किन्तु हाय! जब अवसर पाकर मैंने तुमको पाया।
उस निःस्वार्थ प्रेम की पूजा को तुमने ठुकराया॥

मैं फूली फिरती थी बनकर प्रिय चरणों की चेरी।
किन्तु तुम्हारे निठुर हृदय में नहीं चाह थी मेरी॥

मेरे मन में घर कर तुमने निज अधिकार बढ़ाया।
किन्तु तुम्हारे मन में मैंने तिल भर ठौर न पाया॥
अब जीवन का ध्येय यही है तुमको सुखी बनाना।
लगी हुई सेवा में प्यारे! चरणों पर बलि जाना॥

मुझे भुला दो या ठुकरा दो, कर लो जो कुछ भावे।
लेकिन यह आशा का अंकुर नहीं सूखने पावे॥
करके कृपा कभी दे देना शीतल जल के छींटे।
अवसर पाकर वृक्ष बने यह, दे फल शायद मीठे॥

जल-समाधि

अति कृतज्ञ हूँगी मैं तेरी
ऐसा चित्र बना देना।
दुखित हृदय के भाव हमारे
उस पर सब दिखला देना॥

प्रभु की निर्दयता, जीवों की
कातरता दरसा देना।
मृत्यु समय के गौरव को भी
भली भाँति झलका देना॥

भाव न बतलाये जाते हैं।
शब्द न ऐसे पाती हूँ।
इसीलिए हे चतुर चितेरे!
तुझको विनय सुनाती हूँ॥

देख सम्हलकर, खूब सम्हलकर
ऐसा चित्र बना देना।
सुन्दर इठलाती सरिता पर
मन्दिर-घाट दिखा देना॥

वहीं पास के पुल से बढ़कर
धारा तेज बहाना फिर।

चट्टान से टकराता-सा
भारी भँवर घुमाना फिर॥

उसी भँवर के निकट, किनारे
युवक खेलते हों दो-चार।
हँसते और हँसाते हों वे
निज चंचलता के अनुसार॥

किन्तु उसी! धारा में पड़कर
तीन युवक बह जाते हों।
थके हुए फिर किसी शिला से
टकराकर रुक जाते हों॥

उनके मुँह पर बच जाने का
कुछ सन्तोष दिखा देना।
किन्तु साथ ही घबराहट में
उत्कण्ठा झलका देना॥

गहरी धारा में नीचे अब
एक दृश्य यह दिखलाना।
रो-रो उसे बहा मत देना
कुशल चितेरे! रुक जाना॥

धारा में सुन्दर बलिष्ठ-तन
युवक एक दिखलाता हो।
क्रूर शिलाओं में फँसकर जो
तड़प-तड़प रह जाता हो॥

फिर भी मन्द हँसी की रेखा
उसके मुँह पर दिखलाना।
नहीं मौत से डरता था वह,
हँस सकता था बतलाना॥

किन्तु साथ ही धीरे-धीरे
बेसुध होता जाता हो।
क्षण-क्षण में सर्वस्व दीन का
मानों लुटता जाता हो॥

ऊपर आसमान में धुँधला-सा
प्रकाश कुछ दिखलाना।
उसी ओर से श्यामा तरुणी का
धीरे-धीरे आना॥

बिखरे बाल विरस वदना-सी
आँखें रोई रोई-सी।
गोदी में बालिका लिये,
उन्मन-सी खोई खोई-सी॥

आशा भरी दृष्टि से प्रभु की
ओर देखती जाती हो।
दुखिया का सर्वस्व न लुटने
पावे, यही मनाती हो॥

इसके बाद चितेरे जो तू
चाहे, वही बना देना।
अपनी ही इच्छा से अन्तिम
दृश्य वहाँ दिखला देना॥

चाहे तो प्रभु के मुख पर
कुछ करुणा-भाव दिखा देना।
अथवा मन्द हँसी की रेखा,
या निर्लज्ज बना देना॥

यह कविता नर्मदा नदी के भँवर में फँसकर डूब जाने वाले देवीशंकर जोशी की मृत्यु पर लिखी गई है

मेरा नया बचपन

बारबार आती है मुझको
मधुर याद बचपन तेरी।
गया, ले गया तू जीवन की
सब से मस्त खुशी मेरी॥

चिन्ता-रहित खेलना-खाना
वह फिरना निर्भय स्वच्छन्द।
कैसे भूला जा सकता है
बचपन का अतुलित आनन्द?

ऊँच-नीच का ज्ञान नहीं था
छुआछूत किसने जानी?
बनी हुई थी वहाँ झोपड़ी
और चीथड़ों में रानी।

किये दूध के कुल्ले मैंने
चूस अँगूठा सुधा पिया।
किलकारी किल्लोल मचाकर
सूना घर आबाद किया॥

रोना और मचल जाना भी
क्या आनन्द दिखाते थे!

बड़े-बड़े मोती-से आँसू
जयमाला पहनाते थे॥

मैं रोई, माँ काम छोड़कर
आई, मुझको उठा लिया।
झाड़-पोंछ कर चूम-चूम
गीले गालों को सुखा दिया॥

दादा ने चन्दा दिखलाया
नेत्र नीर-युत दमक उठे।
धुली हुई मुस्कान देख कर
सबके चेहरे चमक उठे॥

वह सुख का साम्राज्य छोड़कर
मैं मतवाली बड़ी हुई।
लुटी हुई, कुछ ठगी हुई-सी
दौड़ द्वार पर खड़ी हुई॥

लाजभरी आँखें थीं मेरी
मन में उमँग रँगीली थी।
तान रसीली थी कानों में
चंचल छैल छबीली थी॥

दिल में एक चुभन-सी थी
यह दुनिया अलबेली थी।
मन में एक पहेली थी
मैं सब के बीच अकेली थी॥

मिला, खोजती थी जिसको
हे बचपन! ठगा दिया तू ने।
अरे! जवानी के फन्दे में
मुझको फँसा दिया तू ने॥

सब गलियाँ उसकी भी देखीं
उसकी खुशियाँ न्यारी हैं।
प्यारी, प्रीतम की रँग-रलियों
की स्मृतियाँ भी प्यारी हैं॥

माना मैंने युवा-काल का
जीवन खूब निराला है।
आकांक्षा, पुरुषार्थ, ज्ञान का
उदय मोहने वाला है॥

किन्तु यहाँ झंझट है भारी
युद्ध-क्षेत्र संसार बना।
चिन्ता के चक्कर में पड़ कर
जीवन भी है भार बना॥

आ जा बचपन ! एक बार फिर
दे दे अपनी निर्मल शान्ति।
व्याकुल व्यथा मिटाने वाली
वह अपनी प्राकृत विश्रान्ति॥

वह भोली-सी मधुर सरलता
वह प्यारा जीवन निष्पाप।
क्या आकर फिर मिटा सकेगा
तू मेरे मन का सन्ताप?

मैं बचपन को बुला रही थी
बोल उठी बिटिया मेरी।
नन्दन वन-सी फूल उठी
यह छोटी-सी कुटिया मेरी॥

'माँ ओ' कहकर बुला रही थी
मिट्टी खाकर आयी थी।

कुछ मुँह में कुछ लिये हाथ में
मुझे खिलाने लायी थी॥

पुलक रहे थे अंग, दृगों में
कौतूहल था छलक रहा।
मुँह पर थी आह्लाद-लालिमा
विजय-गर्व था झलक रहा॥

मैंने पूछा 'यह क्या लायी'?
बोल उठी वह 'माँ, काओ'।
हुआ प्रफुल्लित हृदय खुशी से
मैंने कहा—'तुम्हीं खाओ'॥

पाया मैंने बचपन फिर से
बचपन बेटी बन आया।
उसकी मंजुल मूर्ति देखकर
मुझ में नवजीवन आया॥

मैं भी उसके साथ खेलती
खाती हूँ, तुतलाती हूँ।
मिलकर उसके साथ स्वयं
मैं भी बच्ची बन जाती हूँ॥

जिसे खोजती थी बरसों से
अब जाकर उसको पाया।
भाग गया था मुझे छोड़कर
वह बचपन फिर से आया॥

बालिका का परिचय

यह मेरी गोदी की शोभा
सुख सुहाग की है लाली।
शाही शान भिखारिन की है
मनोकामना मतवाली॥

दीप-शिखा है अन्धकार की
घनी घटा की उजियाली।
ऊषा है यह कमल-भृङ्ग की
है पतझड़ की हरियाली॥

सुधा-धार यह नीरस दिल की
मस्ती मगन तपस्वी की।
जीवन ज्योति नष्ट नयनों की
सच्ची लगन मनस्वी की॥

बीते हुए बालपन की यह
क्रीड़ापूर्ण वाटिका है॥
वही मचलना, वही किलकना
हँसती हुई नाटिका है॥

मेरा मन्दिर, मेरी मसजिद
काबा-काशी यह मेरी।

पूजा-पाठ, ध्यान-जप-तप है
घट-घट-वासी यह मेरी॥

कृष्णचन्द्र की क्रीड़ाओं को
अपने आँगन में देखो।
कौशल्या के मातृमोद को
अपने ही मन में लेखो॥

प्रभु ईसा की क्षमाशीलता
नबी मुहम्मद का विश्वास।
जीव दया जिनवर गौतम की
आओ देखो इसके पास॥

परिचय पूछ रहे हो मुझसे,
कैसे परिचय दूँ इसका!
वही जान सकता है इसको,
माता का दिल है जिसका॥

इसका रोना

तुम कहते हो मुझको इसका
रोना नहीं सुहाता है।
मैं कहती हूँ, इस रोने से
अनुपम सुख छा जाता है॥

सच कहती हूँ, इस रोने की
छबि को जरा निहारोगे।
बड़ी-बड़ी आँसू की बूँदों
पर मुक्तावलि वारोगे॥

ये नन्हें-से ओंठ और
यह लम्बी-सी सिसकी देखो।
यह छोटा-सा गला और
यह गहरी-सी हिचकी देखो॥

कैसी करुणा -जनक दृष्टि है!
हृदय उमड़ कर आया है!
आत्मीयता के यह सोते
भाव जगाकर लाया है॥

हँसी बाहरी चहल-पहल को
ही प्रायः दरसाती है।

पर रोने में अन्तरतम तक
की हलचल मच जाती है॥

जिससे सोई हुई आत्मा
जागृत हो अकुलाती है।
छूटे हुए किसी साथी को
अपने पास बुलाती है॥

मैं सुनती हूँ कोई मेरा
मुझको कहीं बुलाता है।
जिसकी करुणापूर्ण चीख से
केवल मेरा नाता है॥

मेरे ऊपर वह निर्भर है
खाने, पीने, सोने में।
जीवन की प्रत्येक क्रिया में
हँसने में ज्यों रोने में॥

मैं हूँ उसकी प्रकृत संगिनी
उसकी जन्म-प्रदाता हूँ।
वह मेरी प्यारी बिटिया है
मैं ही उसकी माता हूँ॥

तुमको सुनकर चिढ़ आती है
मुझको होता है अभिमान।
जैसे भक्तों की पुकार सुन
गर्वित होते हैं भगवान॥

झाँसी की रानी

सिंहासन हिल उठे, राजवंशों ने भृकुटी तानी थी,
बूढ़े भारत में भी आयी फिर से नयी जवानी थी,
गुमी हुई आजादी की कीमत सबने पहचानी थी,
दूर फिरंगी को करने की सबने मन में ठानी थी,

चमक उठी सन् सत्तावन में
वह तलवार पुरानी थी।
बुन्देले हरबोलों के मुँह
हमने सुनी कहानी थी।
खूब लड़ी मर्दानी वह तो
झाँसी वाली रानी थी॥

कानपूर के नाना की मुँहबोली बहन 'छबीली' थी,
लक्ष्मीबाई नाम, पिता की वह सन्तान अकेली थी,
नाना के सँग पढ़ती थी वह, नाना के सँग खेली थी,
बरछी, ढाल, कृपाण, कटारी उसकी यही सहेली थी,

वीर शिवाजी की गाथाएँ
उसको याद जबानी थीं।
बुन्देले हरबोलों के मुँह
हमने सुनी कहानी थी।
खूब लड़ी मर्दानी वह तो
झाँसी वाली रानी थी॥

लक्ष्मी थी या दुर्गा थी वह स्वयं वीरता की अवतार,
देख मराठे पुलकित होते उसकी तलवारों के वार,
नकली युद्ध, व्यूह की रचना और खेलना खूब शिकार,
सैन्य घेरना, दुर्ग तोड़ना, ये थे उसके प्रिय खिलवार,

महाराष्ट्र-कुल-देवी उसकी
भी आराध्य भवानी थी।
बुन्देले हरबोलों के मुँह
हमने सुनी कहानी थी।
खूब लड़ी मर्दानी वह तो
झाँसी वाली रानी थी॥

हुई वीरता की वैभव के साथ सगाई झाँसी में,
ब्याह हुआ रानी बन आयी लक्ष्मीबाई झाँसी में,
राजमहल में बजी बधाई खुशियाँ छायीं झाँसी में,
सुभट बुँदेलों की विरुदावलि-सी वह आयी झाँसी में,

चित्रा ने अर्जुन को पाया,
शिव से मिली भवानी थी।
बुन्देले हरबोलों के मुँह
हमने सुनी कहानी थी।
खूब लड़ी मर्दानी वह तो
झाँसी वाली रानी थी॥

उदित हुआ सौभाग्य, मुदित महलों में उजायाली छायी,
किन्तु कालगति चुपके-चुपके काली घटा घेर लायी,
तीर चलाने वाले कर में उसे चूड़ियाँ कब भायीं,,
रानी विधवा हुई हाय! विधि को भी नहीं दया आयी,

निःसन्तान मरे राजा जो
रानी शोक-समानी थी,

बुन्देले हरबोलों के मुँह
हमने सुनी कहानी थी।
खूब लड़ी मर्दानी वह तो
झाँसी वाली रानी थी॥

बुझा दीप झाँसी का तब डलहौजी मन में हरषाया,
राज्य हड़प करने का उसने यह अच्छा अवसर पाया,
फौरन फौजें भेज दुर्ग पर अपना झण्डा फहराया,
लावारिस का वारिस बनकर ब्रिटिश राज्य झाँसी आया,

अश्रुपूर्ण रानी ने देखा
झाँसी हुई बिरानी थी।
बुन्देले हरबोलों के मुँह
हमने सुनी कहानी थी।
खूब लड़ी मर्दानी वह तो
झाँसी वाली रानी थी॥

अनुनय विनय नहीं सुनता है, विकट फिरंगी की माया,
व्यापारी बन दया चाहता था जब यह भारत आया,
डलहौजी ने पैर पसारे अब तो पलट गयी काया,
राजाओं नव्वाबों को भी उसने पैरों ठुकराया,

रानी दासी बनी, बनी यह
दासी अब महरानी थी।
बुन्देले हरबोलों के मुँह
हमने सुनी कहानी थी।
खूब लड़ी मर्दानी वह तो
झाँसी वाली रानी थी॥

छिनी राजधानी देहली की, लिया लखनऊ बातों-बात,
कैद पेशवा था बिठूर में, हुआ नागपुर का भी घात,

उदैपूर, तंजोर, सतारा, करनाटक की कौन बिसात,
जब कि सिन्ध, पंजाब, ब्रह्म पर अभी था वज्र-निपात,

बंगाले, मद्रास आदि की
भी तो यही कहानी थी।
बुन्देले हरबोलों के मुँह
हमने सुनी कहानी थी।
खूब लड़ी मर्दानी वह तो
झाँसी वाली रानी थी॥

रानी रोयीं रनिवासों में बेगम गम से थीं बेज़ार
उनके गहने-कपड़े बिकते थे कलकत्ते के बाजार,
सरे-आम नीलाम छापते थे अंग्रेजों के अखबार,
'नागपूर के जेवर ले लो' 'लखनऊ के लो नौलख हार',

यों परदे की इज़्ज़त पर–
देशी के हाथ बिकानी थी।
बुन्देले हरबोलों के मुँह
हमने सुनी कहानी थी।
खूब लड़ी मर्दानी वह तो
झाँसी वाली रानी थी॥

कुटियों में थी विषम वेदना महलों में आहत अपमान,
वीर सैनिकों के मन में था, अपने पुरखों का अभिमान,
नाना धुन्धूपन्त पेशवा जुटा रहा था सब सामान,
बहिन छबीली ने रण-चण्डी का कर दिया प्रकट आह्वान,

हुआ यज्ञ प्रारम्भ उन्हें तो
सोयी ज्योति जगानी थी।
बुन्देले हरबोलों के मुँह
हमने सुनी कहानी थी।

खूब लड़ी मर्दानी वह तो
झाँसी वाली रानी थी॥

महलों ने दी आग, झोपड़ी ने ज्वाला सुलगायी थी,
यह स्वतन्त्रता की चिनगारी अन्तरतम से आयी थी,
झाँसी चेती, दिल्ली चेती, लखनऊ लपटें छायी थीं,
मेरठ, कानपुर, पटना ने भारी धूम मचायी थी,

जबलपुर, कोल्हापुर में भी
कुछ हलचल उकसानी थी।
बुन्देले हरबोलों के मुँह
हमने सुनी कहानी थी।
खूब लड़ी मर्दानी वह तो
झाँसी वाली रानी थी॥

इस स्वतन्त्रता-महायज्ञ में कई वीरवर आये काम,
नाना धुन्धूपन्त, ताँतिया, चतुर अजीमुल्ला सरनाम,
अहमद शाह मौलवी, ठाकुर कुँवरसिंह सैनिक अभिराम,
भारत के इतिहास-गगन में अमर रहेंगे जिनके नाम,

लेकिन आज जुर्म कहलाती
उनकी जो कुरबानी थी।
बुन्देले हरबोलों के मुँह
हमने सुनी कहानी थी।
खूब लड़ी मर्दानी वह तो
झाँसी वाली रानी थी॥

इनकी गाथा छोड़ चलें हम झाँसी के मैदानों में,
जहाँ खड़ी है लक्ष्मीबाई मर्द बनी मर्दानों में,
लेफ्टिनेण्ट वॉकर आ पहुँचा, आगे बढ़ा जवानों में,
रानी ने तलवार खींच ली, हुआ द्वन्द्व असमानों में,

जख्मी होकर वॉकर भागा,
उसे अजब हैरानी थी।
बुन्देले हरबोलों के मुँह
हमने सुनी कहानी थी।
खूब लड़ी मर्दानी वह तो
झाँसी वाली रानी थी॥

रानी बढ़ी कालपी आयी, कर सौ मील निरन्तर पार
घोड़ा थक कर गिरा भूमि पर, गया स्वर्ग तत्काल सिधार,
यमुना-तट पर अंग्रेजों ने फिर खायी रानी से हार,
विजयी रानी आगे चल दी, किया ग्वालियर पर अधिकार,

अंग्रेजों के मित्र सिंधिया
ने छोड़ी रजधानी थी।
बुन्देले हरबोलों के मुँह
हमने सुनी कहानी थी।
खूब लड़ी मर्दानी वह तो
झाँसी वाली रानी थी॥

विजय मिली, पर अंग्रेजों की फिर सेना घिर आयी थी,
अबके जनरल स्मिथ सन्मुख था, उसने मुँह की खायी थी,
काना और मन्दरा सखियाँ रानी के संग आयी थीं,
युद्ध क्षेत्र में उन दोनों ने भारी मार मचायी थी,

पर, पीछे ह्यू रोज़ आ गया,
हाय ! घिरी अब रानी थी।
बुन्देले हरबोलों के मुँह
हमने सुनी कहानी थी।
खूब लड़ी मर्दानी वह तो
झाँसी वाली रानी थी॥

तो भी रानी मार-काटकर चलती बनी सैन्य के पार,
किन्तु सामने नाला आया, था यह संकट विषम अपार
घोड़ा अड़ा, नया घोड़ा था, इतने में आ गये सवार,
रानी एक, शत्रु बहुतेरे, होने लगे वार पर वार,

घायल होकर गिरी सिंहनी
उसे वीर-गति पानी थी।
बुन्देले हरबोलों के मुँह
हमने सुनी कहानी थी।
खूब लड़ी मर्दानी वह तो
झाँसी वाली रानी थी॥

रानी गयी सिधार, चिता अब उसकी दिव्य सवारी थी
मिला तेज से तेज, तेज की वह सच्ची अधिकारी थी
अभी उम्र कुल तेइस की थी, मनुज नहीं अवतारी थी,
हमको जीवित करने आयी बन स्वतन्त्रता नारी थी,

दिखा गयी पथ, सिखा गयी
हमको जो सीख सिखानी थी।
बुन्देले हरबोलों के मुँह
हमने सुनी कहानी थी।
खूब लड़ी मर्दानी वह तो
झाँसी वाली रानी थी॥

जाओ रानी याद रखेंगे हम कृतज्ञ भारतवासी
यह तेरा बलिदान जगावेगा स्वतन्त्रता अविनाशी,
होवे चुप इतिहास, लगे सच्चाई को चाहे फाँसी
हो मदमाती विजय, मिटा दे गोलों से चाहे झाँसी,

तेरा स्मारक तू ही होगी,
तू खुद अमिट निशानी थी।

बुन्देले हरबोलों के मुँह
हमने सुनी कहानी थी।
खूब लड़ी मर्दानी वह तो
झाँसी वाली रानी थी॥

राखी की चुनौती

बहिन आज फूली समाती न मन में।
तड़ित् आज फूली समाती न घन में॥
घटा है न फूली समाती गगन में।
लता आज फूली समाती न वन में॥

कहीं राखियाँ हैं चमक है कहीं पर,
कहीं बूँद है, पुष्प प्यारे खिले हैं।
ये आई है राखी, सुहाई है पूनो,
बधाई उन्हें जिनको भाई मिले हैं॥

मैं हूँ बहिन किन्तु भाई नहीं है।
है राखी सजी पर कलाई नहीं है॥
है भादों, घटा किन्तु छाई नहीं है।
नहीं है खुशी पर रुलाई नहीं है॥

मेरा बन्धु माँ की पुकारों को सुनकर
के तैयार हो जेलखाने गया है।
छीनी हुई माँ की स्वाधीनता को
वह जालिम के घर में से लाने गया है॥

मुझे गर्व है किन्तु राखी है सूनी।
वह होता, खुशी तो क्या होती न दूनी?

हम मंगल मनावें, वह तपता है धूनी।
है घायल हृदय, दर्द उठता है खूनी॥

है आती मुझे याद चित्तौरगढ़ की,
धधकती है दिल में वह जौहर की ज्वाला।
हैं माता-बहिन रो के उसको बुझातीं,
कहो भाई तुमको भी है कुछ कसाला?

है, तो बढ़े हाथ, राखी पड़ी है।
रेशम-सी कोमल नहीं यह कड़ी है॥
अजी देखो लोहे की यह हथकड़ी है।
इसी प्रण को लेकर बहिन यह खड़ी है॥

आते हो भाई? पुनः पूछती हूँ—
कि माता के बन्धन की है लाज तुमको?
—तो बन्दी बनो, देखो बन्धन है कैसा,
चुनौती यह राखी की है आज तुमको॥

विजयी मयूर

तू गरजा, गरज भयंकर थी,
कुछ नहीं सुनायी देता था।
घनघोर घटाएँ काली थीं,
पथ नहीं दिखायी देता था॥

तूने पुकार की जोरों की,
वह चमका, गुस्से में आया।
तेरी आहों के बदले में,
उसने पत्थर-दल बरसाया॥

तेरा पुकारना नहीं रुका,
तू डरा न उसकी मारों से
आखिर को पत्थर पिघल गये,
आहों से और पुकारों से॥

तू धन्य हुआ हम सुखी हुईं,
सुन्दर नीला आकाश मिला।
चन्द्रमा चाँदनी सहित मिला,
सूरज भी मिला, प्रकाश मिला॥

विजयी मयूर जब कूक उठे,
घन स्वयं आत्मदानी होंगे।
उपहार बनेंगे वे प्रहार,
पत्थर पानी-पानी होंगे॥

जलियाँवाले बाग में वसन्त

यहाँ कोकिला नहीं, काक हैं शोर मचाते।
काले-काले कीट, भ्रमर का भ्रम उपजाते॥
कलियाँ भी अधखिली, मिली हैं कंटक-कुल से।
वे पौधे, वे पुष्प, शुष्क हैं अथवा झुलसे॥

परिमल-हीन पराग दाग-सा बना पड़ा है।
हा ! यह प्यारा बाग खून से सना पड़ा है॥
आओ प्रिय ऋतुराज! किन्तु धीरे से आना।
यह है शोक-स्थान यहाँ मत शोर मचाना॥

वायु चले पर मन्द चाल से उसे चलाना।
दुख की आहें, संग उड़ाकर मत ले जाना॥
कोकिल गावे, किन्तु राग रोने का गावे।
भ्रमर करे गुंजार, कष्ट की कथा सुनावे॥

लाना संग में पुष्प, न हों वे अधिक सजीले।
हो सुगन्ध भी मन्द, ओस से कुछ-कुछ गीले॥
किन्तु न तुम उपहार-भाव आकर दरसाना।
स्मृति में पूजा हेतु यहाँ थोड़े बिखराना॥

कोमल बालक मरे यहाँ गोली खा-खाकर।
कलियाँ उनके लिए गिराना थोड़ी लाकर॥

आशाओं से भरे हृदय भी छिन्न हुए हैं।
अपने प्रिय-परिवर देश से भिन्न हुए हैं॥

कुछ कलियाँ अधखिली यहाँ इस लिए चढ़ाना।
करके उनकी याद अश्रु की ओस बहाना॥
तड़प-तड़प कर वृद्ध मरे हैं गोली खाकर।
शुष्क पुष्प कुछ वहाँ गिरा देना तुम जाकर॥

यह सब करना, किन्तु बहुत धीरे-से आना।
यह है शोक-स्थान यहाँ मत शोर मचाना॥

मेरी कविता

मुझे कहा कविता लिखने को,
लिखने बैठी मैं तत्काल।
पहले लिखा जालियाँ वाला,
कहा कि बस हो गये निहाल॥

तुम्हें और कुछ नहीं सूझता,
ले-देकर वह खूनी बाग।
रोने से अब क्या होता है,
धुल न सकेगा उसका दाग॥

भूल उसे चल हँसें मस्त हो,
मैंने कहा—धरो कुछ धीर।
तुमको हँसते देख कहीं,
फिर फ़ायर करे न डायर वीर॥

कहा—न मैं कुछ लिखने दूँगा,
मुझे चाहिए प्रेम-कथा!
मैंने कहा—नवेली है वह,
रम्य-वदन है चन्द्र यथा!!

अहा! मगन हो उछल पड़े वे,
मैंने कहा—सुनो चुपचाप।

बड़ी-बड़ी-सी भोली आँखें,
केश-पाश ज्यों काले नाग॥

भोली-भाली आँखें देखो,
उसे नहीं तुम रुलवाना।
उसके मुँह से प्रेम-भरी,
कुछ मीठी बातें कहलाना॥

हाँ, वह रोती नहीं कभी भी,
और नहीं कुछ कहती है।
शून्य दृष्टि से देखा करती
खिन्नमना-सी रहती है॥

करके याद पुराने सुख की,
कभी चौंक-सी पड़ती है।
भय से कभी काँप जाती है,
कभी क्रोध में भरती है॥

कभी किसी की ओर देखती,
नहीं दिखायी देती है!
हँसती नहीं किन्तु चुपके से,
कभी-कभी रो लेती है॥

ताजे हल्दी के रंग सी,
कुछ पीली उसकी सारी है।
लाल-लाल से धब्बे हैं कुछ,
अथवा लाल किनारी है॥

उसका छोर लाल! सम्भव है,
हो वह खूनी रंग से लाल।
है सिन्दूर-बिन्दु से सज्जित,
अब भी कुछ-कुछ उसका भाल॥

अब भी है उसके पैरों में,
बनी महावर की लाली,
हाथों में मेंहदी की लाली।
वह दुखिया भोली-भाली॥

उसी बाग की ओर शाम को,
जाती हुई दिखाती है।
प्रातःकाल सूर्योदय से,
पहले ही फिर आती है॥

लोग उसे पागल कहते हैं,
देखो तुम न भूल जाना!
तुम भी उसे न पागल कहना,
मुझे क्लेश मत पहुँचाना॥

उसे लौटती समय देखना,
रम्य वदन पीला-पीला!
सारी का वह लाल छोर भी,
रहता है बिल्कुल गीला॥

डायन भी कहते हैं उसको
कोई कोई हत्यारे।
उसे देखना किन्तु न ऐसी
गलती तुम करना प्यारे॥

बाईं ओर हृदय में धड़कन
कुछ उसके दिखलाती है।
वह भी तो प्रतिदिन क्रम-क्रम से
धीमी होती जाती है॥

किसी रोज सम्भव है, उसकी
मिट जावे यह भी धड़कन।

बुझ जायें आँखें, धीमी
जो होती जाती हैं क्षण-क्षण ॥

उसकी ऐसी दशा देखना
आँसू चार बहा देना।
उसके दुख में दुखिया बनकर
तुम भी दुःख मना लेना ॥

राखी

भैया कृष्ण! भेजती हूँ मैं
अपनी राखी, तुमको आज।
कई बार जिसको भेजा है
सजा-सजा कर नूतन साज॥

लो आओ भुजदण्ड उठाओ
इस राखी में बँध जाओ।
भरत-भूमि की रजपूती को
एक बार फिर दिखलाओ॥

वीर चरित्र राजपूतों का
पढ़ती हूँ मैं राजस्थान।
पढ़ते-पढ़ते आँखों में
छा जाता राखी का आख्यान॥

मैंने पढ़ा, शत्रुओं को भी
जब-जब राखी भिजवाई।
रक्षा करने दौड़ पड़े वे
राखी-बन्द शत्रु-भाई॥

किन्तु देखना है, यह मेरी
राखी क्या दिखलाती है।

क्या निस्तेज कलाई पर ही
बँध कर यह रह जाती है?

देखो भैया ! भेज रही हूँ
तुमको, तुमको राखी आज।
साखी राजस्थान बनाकर
रख लेना राखी की लाज॥

हाथ काँपता, हृदय धड़कता
है मेरी भारी आवाज।
अब भी चौंकाता है जलियाँ-
वाले का वह गोलन्दाज॥

यम की सूरत उन पतितों का
पाप भूल जाऊँ कैसे!
घाव आज भी ताजा है
फिर मन को समझाऊँ कैसे?

बहनें कई सिसकती हैं हा!
सिसक न उनकी मिट पायी!
लाज गँवायी, गाली पायी
तिस पर गोली भी खायी॥

डर है कहीं न मार्शल-ला का
फिर से पड़ जावे घेरा।
ऐसे समय द्रौपदी-जैसा
कृष्ण सहारा है तेरा॥

बोलो, सोच-समझकर बोलो,
क्या राखी बँधवाओगे?
भीर पड़ेगी, क्या तुम रक्षा
करने दौड़े आओगे?

यदि हाँ, तो यह लो मेरी
इस राखी को स्वीकार करो।
आकर, भैया, बहन सुभ्रदा
के कष्टों का भार हरो॥

विजया दशमी

विजये ! तूने तो देखा है
वह विजयी श्रीराम सखी!
धर्मभीरु सात्विक निश्छलमन
वह करुणा का धाम सखी!

वनवासी असहाय और फिर
हुआ विधाता वाम सखी।
हरी गई सहचरी जानकी
वह व्याकुल घनश्याम सखी!

कैसे जीत सका रावण को
रावण था सम्राट सखी!
सोने की लंका थी उसकी
सजे राजसी ठाट सखी!

रक्षक राक्षस सैन्य सबल था,
प्रहरी सिन्धु विराट सखी।
नर ही नहीं, देव डरते थे
सुन कर उसकी डाँट सखी!

राम-समान हमारा भी तो
रहा नहीं अब राज सखी!

राजदुलारों के तन पर हैं
सजे फकीरी साज सखी!

हो असहाय भटकते फिरते
वनवासी-से आज सखी!
सीता-लक्ष्मी हरी किसी ने
गयी हमारी लाज सखी!

आशा का सन्देश सुनाती
तू हमको प्रतिवर्ष सखी!
इसी लिए तेरे आने पर
होता अतिशय हर्ष सखी।

रामचन्द्र की विजय-कथा का
भेद बता आदर्श सखी!
पराधीनता से छूटे यह
प्यारा भारतवर्ष सखी!

पर इतने ही से होता है,
किसे भला सन्तोष सखी!
जरा हृदय तो देख भरे हैं,
यहाँ रोष के कोष सखी!

वह दिन था, जब दिया किसी ने,
रण में जरा प्रचार सखी!
मिटा दिया यम को भी हमने,
हुआ हमारा वार सखी!

और, आज तू देख, देख ये
सबल बचाते प्राण सखी।
रण से पिछड़ पड़े, कहते हैं–
करो देश का त्राण सखी!

छिड़ा आज यह पाप-पुण्य का
युद्ध अनोखा एक सखी!
मर जावें पर साथ न देंगे,
पापों का, है टेक सखी।

सबलों को कुछ सीख सिखाओ
मरें करें उद्धार सखी!
दानव दल द, पाप मसल दें
मेटें अत्याचार सखी!

सबल पुरुष यदि भीरु बने,
तो हमको दे वरदान सखी!
अबलाएँ उठ पड़ें देश में,
करें युद्ध घमसान सखी!

पन्द्रह कोटि असहयोगिनियाँ
दहला दें ब्रह्माण्ड सखी!
भारत-लक्ष्मी लौटाने को,
रच दें लंकाकाण्ड सखी।

खाना पीना सोना जीना,
हो पापी का भार सखी!
मर-मर कर पापों का कर दें,
हम जगती से छार सखी!

देखें फिर इस जगती-तल में,
होगी कैसे हार सखी!
भारत-माँ की बेड़ी काटें,
होवे बेड़ा पार सखी!

दो, विजये! वह आत्मिक बल दो,
वह हुंकार मचाने दो।

अपनी निर्बल आवाजों से,
दुनिया को दहलाने दो।

'जय स्वतन्त्रिणी भारत-माँ!'
यों कहकर मुकुट लगाने दो।
हमें नहीं, इस भू-मण्डल को,
माँ पर बलि-बलि जाने दो।

छेड़ दिया संग्राम, रहेगी,
हलचल आठों याम सखी!
असहयोग सर तान खड़ा है
भारत का श्रीराम सखी!

पापों के गढ़ टूट पड़ेंगे,
रहना तुम तैयार सखी!
विजये! हम-तुम मिल कर लेंगी,
अपनी माँ का प्यार सखी!

मातृ मन्दिर में

वीणा बज-सी उठी, खुल गये नेत्र
और कुछ आया ध्यान।
मुड़ने की थी देर दिख पड़ा
उत्सव का प्यारा सामान॥

जिसको तुतला-तुतला करके,
शुरू किया था पहली बार।
जिस प्यारी बोली में हमको,
मिला हमारी माँ का प्यार॥

उस हिन्दू जन की गरीबिनी
हिन्दी, प्यारी हिन्दी का।
प्यारे भारतवर्ष-कृष्ण की
उस प्यारी कालिन्दी का॥

है उसका ही समारोह यह,
उसका ही उत्सव प्यारा।
मैं आश्चर्य-भरी आँखों से,
देख रही हूँ यह सारा॥

जिस प्रकार कंगाल-बालिका
अपनी माँ धनहीना को।

टुकड़ों की मुहताज आज तक
दुखिनी को, उस दीना को॥

सुन्दर वस्त्रभूषण-सज्जित,
देख चकित हो जाती है।
सच है या केवल सपना है,
कहती है रुक जाती है॥

पर सुन्दर लगती है, इच्छा
यह होती है कर ले प्यार।
प्यारे चरणों पर बलि जाये
कर ले मन भर के मनुहार॥

इच्छा प्रबल हुई, माता के
पास दौड़कर जाती है।
वस्त्रों को सँवारती, उसको
आभूषण पहनाती है॥

उसी भाँति आश्चर्य मोदमय,
आज मुझे झिझकाता है।
मन में उमड़ा हुआ भाव बस,
मुँह तक आ रुक जाता है॥

प्रेमोन्मत्ता होकर तेरे पास
दौड़ आती हूँ मैं।
तुझे सजाने या सँवारने
में ही सुख पाती हूँ मैं॥

तेरी इस महानता में,
क्या होगा मूल्य सजाने का?

तेरी भव्य मूर्ति को नकली
आभूषण पहनाने का?

किन्तु हुआ क्या माता ! मैं भी
तो हूँ तेरी ही सन्तान।
इसमें ही सन्तोष मुझे है
इसमें ही आनन्द महान॥

मुझ-सी एक-एक की बन तू
तीस कोटि की आज हुई।
हुई महान, सभी भाषाओं
की तू ही सरताज हुई॥

मेरे लिए बड़े गौरव की,
और गर्व की है यह बात।
तेरे ही द्वारा होवेगा,
भारत में स्वातन्त्र्य-प्रभात॥

असहयोग पर मर-मिट जाना
यह जीवन तेरा होगा।
हम होंगे स्वाधीन, विश्व का
वैभव धन तेरा होगा॥

जगती के वीरों-द्वारा,
शुभ पदवन्दन तेरा होगा!
देवी के पुष्पों-द्वारा,
अब अभिनन्दन तेरा होगा॥

तू होगी आधार, देश की
पार्लमेण्ट बन जाने में।

तू होगी सुख-सार, देश के
उजड़े क्षेत्र बसाने में॥

तू होगी व्यवहार, देश के
बिछड़े हृदय मिलाने में।
तू होगी अधिकार, देशभर
को स्वातन्त्र्य दिलाने में॥

व्यथित हृदय

व्यथित है मेरा हृदय-प्रदेश
चलूँ उसको बहलाऊँ आज।
बताकर अपना दुख-सुख उसे
हृदय का भार हटाऊँ आज॥

चलूँ माँ के पद-पंकज पकड़
नयन जल के नहलाऊँ आज।
मातृ-मन्दिर में—मैंने कहा—
चलूँ दर्शन कर आऊँ आज॥

किन्तु यह हुआ अचानक ध्यान
दीन हूँ, छोटी हूँ, अज्ञान!
मातृ-मन्दिर का दुर्गम मार्ग
तुम्हीं बतला दो है भगवान!

मार्ग के बाधक पहरेदार
सुना है ऊँचे-से सोपान।
फिसलते हैं ये दुर्बल पैर
चढ़ा दो मुझको हे भगवान्!

अहा ! वे जगमग-जगमग जगी
ज्योतियाँ दीख रही हैं वहाँ।

शीघ्रता करो, वाद्य बज उठे
भला मैं कैसे जाऊँ वहाँ?

सुनायी पड़ता है कल-गान
मिला दूँ मैं भी अपनी तान।
शीघ्रता करो, मुझे ले चलो
मातृ-मन्दिर में हे भगवान्!

चलूँ, मैं जल्दी से बढ़ चलूँ
देख लूँ माँ की प्यारी मूर्ति।
अहा ! वह मीठी-सी मुसकान
जगाती होगी न्यारी स्फूर्ति॥

उसे भी आती होगी याद
उसे? हाँ, आती होगी याद।
नहीं तो रूठूँगी मैं आज
सुनाऊँगी उसकी फरियाद॥

कलेजा माँ का, मैं सन्तान,
करेगी दोषों का अभिमान।
मातृ-वेदी पर घण्टा बजा,
चढ़ा दो मुझको हे भगवान्!!

सुनूँगी माता की आवाज,
रहूँगी मरने को तैयार।
कभी भी उस वेदी पर देव!
न होने दूँगी अत्याचार॥

न होने दूँगी अत्याचार
चलो, मैं हो जाऊँ बलिदान
मातृ-मन्दिर में हुई पुकार
चढ़ा दो मुझको हे भगवान्॥

वे कुंजें

देव ! वे कुंजें उजड़ी पड़ीं
और वह कोकिल उड़ ही गयी।
हटायीं हमने लाखों बार
किन्तु वे घड़ियाँ जुड़ ही गयीं॥

विष्णु ने दिया दान ले लिया
शुक्लता गयी, अँधेरा मिला।
मातृ-मन्दिर में सूने खड़े
मुक्ति के बदले मरना मिला॥

आह की कठिन लूह चल रही
नाश का घन-गर्जन हो रहा।
बूँद या बाण बरसने लगे
पापियों से तर्जन हो रहा॥

अमर-लोचन के धन को लिये
चलो, चल पड़ें, खुले हैं द्वार।
गजी का शुक्लाम्बर ले चलें
मातृ-मन्दिर में हुई पुकार॥

जननि के दुख की घड़ियाँ कटें
सजावें पूजा का साहित्य।

आरती उतरे आदर-भरी
करों में लें नभ का आदित्य॥

वे सन्देश आज सुन पड़ें
कटे पद-कंजों की जंजीर।
मुक्ति की मतवाली माँ उठे
उठावें बेटी-बेटे वीर॥

पाप पृथ्वी पर से उठ जाय
पापियों से टूटे सम्बन्ध।
प्यार, प्रतिभा, प्राणों की उठे
त्यागमय शीतल-मंद-सुगंध॥

विजयिनी माँ के वीर सुपुत्र
पाप से असहयोग लें ठान।
गुँजा डालें स्वराज्य की तान
और सब हो जावें बलिदान॥

जरा ये लेखनियाँ उठ पड़ें
मातृ-भू को गौरव से मढ़ें।
करोड़ों क्रान्तिकारिणी मूर्ति
पलों में निर्भयता से गढ़ें॥

हमारी प्रतिभा साध्वी रहे
देश के चरणों पर ही चढ़े।
अहिंसा के भावों में मस्त
आज यह विश्व जीतना पड़े॥

मेरी टेक

निर्धन हों धनवान, परिश्रम उनका धन हो।
निर्बल हों बलवान, सत्यमय उनका मन हो॥
हों स्वाधीन गुलाम, हृदय में अपनापन हो।
इसी आन पर कर्मवीर तेरा जीवन हो॥

तो, स्वागत सौ बार
करूँ आदर से तेरा।
आ, कर दे उद्धार,
मिटे अन्धेर-अँधेरा॥

बिदाई

कृष्ण-मन्दिर में प्यारे बन्धु
पधारो निर्भयता के साथ।
तुम्हारे मस्तक पर हो सदा
कृष्ण का वह शुभचिंतक हाथ॥

तुम्हारी दृढ़ता से जग पड़े
देश का सोया हुआ समाज।
तुम्हारी भव्य मूर्ति से मिले,
शक्ति वह विकट त्याग की आज॥

तुम्हारे दुख की घड़ियाँ बनें
दिलाने वाली हमें स्वराज्य।
हमारे हृदय बनें बलवान।
तुम्हारी त्याग मूर्ति में आज॥

तुम्हारे देशबन्धु यदि कभी
डरें, कायर हो पीछे हटें,
बन्धु, दो बहनों को वरदान
युद्ध में वे निर्भय मर मिटें॥

हजारों हृदय बिदा दे रहे,
उन्हें सन्देशा दो बस एक।
कटें तीसों करोड़ ये शीश,
न तजना तुम स्वराज्य की टेक॥

बिदा

'गिरफ़्तार होने वाले हैं,
आता है वारन्ट अभी।'
धक्-सा हुआ हृदय, मैं सहमी
हुए विकल आशंक सभी॥

किन्तु सामने दीख पड़े
मुस्कुरा रहे थे खड़े-खड़े।
रुके नहीं, आँखों से आँसू
सहसा टपके बड़े-बड़े॥

'पगली, यों ही दूर करेगी
माता का यह रौरव कष्ट?'
रुका वेग भावों का, दीखा
अहा! मुझे यह गौरव स्पष्ट॥

तिलक, लाजपत, गांधीजी भी
बन्दी कितनी बार हुए।
जेल गये जनता ने पूजा,
संकट में अवतार हुए॥

जेल! हमारे मनमोहन का
प्यारा पावन जन्म-स्थान!

तुझको सदा तीर्थ मानेगा
कृष्ण-भक्त यह हिन्दुस्थान॥

मैं पुलकित हो उठी यहाँ भी!
आज गिरफ़्तारी होगी।
फिर जी धड़का, क्या भैया की
सचमुच तैयारी होगी॥

आँसू छलके, याद आ गयी,
राजपूत की वह बाला।
जिसने बिदा किया भाई को
देकर तिलक और भाला॥

सदियों सोयी हुई वीरता
जागी, मैं भी वीर बनी।
जाओ भैया, बिदा तुम्हें
करती हूँ मैं गम्भीर बनी॥

याद भूल जाना मेरी
उस आँसू वाली मुद्रा की।
कर लो अब स्वीकार बधाई
छोटी बहिन 'सुभद्रा' की॥

स्वागत

(1920 में नागपुर में होनेवाली कांग्रेस के स्वागत में)

तेरे स्वागत को उत्सुक यह खड़ा हुआ है मध्य-प्रदेश
अर्घ्यदान दे रही नर्मदा दीपक स्वयं बना दिवसेश॥

विन्ध्याचल अगवानी पर है
वन-श्री चँवर डुलाती है।
भोली-भाली जनता तेरा
अटपट स्वागत गाती है॥

आ मैया कांग्रेस! हमारी आकांक्षा की प्यारी मूर्ति।
राज्यहीन राजाओं के गत वैभव की स्वाभाविक पूर्ति॥

है स्वागत की स्फूर्ति तदपि
माँ! मन में होता है कुछ सोच।
आनन्द में घबराहट-सी है,
है उत्साह और संकोच॥

हमें नहीं भय संगीनों का, चमक रहीं जो उनके हाथ।
जरा नहीं डर उन तोपों का, गरज रहीं जो बल के साथ॥

ढीठ सिपाही की हथकड़ियाँ
दमन नीति के वे कानून।
डरा नहीं सकते हैं हमको
यदपि बहावें प्रतिदिन खून॥

हम हिंसा का भाव त्याग कर विजयी, वीर अशोक बने।
काम करेंगे वही कि जिससे लोक और परलोक बने॥

किन्तु आज स्वागत की धुन में
हमें नहीं कुछ भी परवाह।
तुझको पाकर दीन-हीन भी
निज को समझ रहा नरनाह॥

है इतना उत्साह कि डर है, हम उन्मत्त न बन जावें।
है इतना विश्वास कि भय है, हम गर्विष्ठ न कहलावें॥
इतना बल है प्रबल, कहीं हम अत्याचार न कर डालें।
यही सोच-संकोच यही, मर्यादा पार न कर डालें॥

अतः विनय है शान्ति सहित माँ।
हमको मार्ग सुझा देना।
भड़की हुई हृदय की ज्वाला
माँ! कर प्यार बुझा देना॥

लुटे हुए दीनों की आशा, तू दासों की उज्ज्वल रत्न।
भारतीय स्वातन्त्र्य-प्राप्ति की तू चिरजीवी सात्विक यत्न॥

मरे हुए को अमर बनाने
वाली तू संजीवन मन्त्र।
प्रिय स्वराज्य-संचालन का है
एकमात्र तू जीवित यन्त्र॥

प्लासी, झाँसी, दिल्ली, पूना, हार गये, टूटी तलवार।
वीर मराठों, सिक्ख-गोरखों और पठानों का था वार॥
गरदन कटी हमारी रण में पड़ा हमारा ही हथियार।
पर मालिक बन गये और दे दिया दासता का उपहार॥

ऐसे समय सहारा तेरा
है बच्चों की यही पुकार।
कर ये दूर धाक धमकी के
नौकर-शाही के अधिकार॥

वायु बहे स्वच्छन्द भारती, भारत का फूले उद्यान।
नव वसन्त के साथ भारती, देखे भारत का उत्थान॥

आओ हे वरदायिनी! आओ
आओ-आओ बारम्बार॥
त्रुटियों की कुटिया प्रस्तुत है
और तुम्हारा है अधिकार॥

इस कुटिया को महल समझना, हम हैं बालक अज्ञानी।
पूजा को तैयार खड़े हैं, स्वागत! आओ महरानी॥

स्वागत गीत

कर्म के योगी, शक्ति-प्रयोगी,
देश-भविष्य सुधारियेगा।
हाँ, वीर-वेश के दीन देश के,
जीवन-प्राण पधारियेगा॥

तुम्हारा कर्म-चढ़ाने को हमें डोर हुआ।
तुम्हारी बातों से दिल में हमारे जोर हुआ॥
तुम्हें कुचलने को दुश्मन का जी कठोर हुआ।
तुम्हारे नाम का हर ओर आज शोर हुआ॥

हाँ, पर-उपकारी, राष्ट्र-बिहारी।
कर्म का मर्म सिखाइयेगा॥

तुम्हारे बच्चों को कष्टों में आज याद हुई।
तुम्हारे आने से पूरी सभी मुराद हुई॥
गुलामखानों में राष्ट्रीयता आबाद हुई।
मादरे हिन्द यों बोली कि मैं आजाद हुई॥

हाँ, दीन के भ्राता, संकट त्राता,
जी की जलन बुझाइयेगा॥

राष्ट्र ने कहा कि महायुद्ध का नियोग करो।

कँपा दो विश्व को, अब शक्ति का प्रयोग करो ॥
हटा दो दुश्मनों को, डर के असहयोग करो।
स्वतंत्र माता को करके, स्वराज्य भोग करो ॥

हाँ, हिंसा-हारी, शस्त्र-प्रहारी,
रार की रीति सिखाइयेगा ॥

स्वदेश के प्रति

आ, स्वतन्त्र प्यारे स्वदेश आ,
स्वागत करती हूँ तेरा।
तुझे देख कर आज हो रहा
दूना प्रमुदित मन मेरा॥

आ, उस बालक के समान
जो है गुरुता का अधिकारी।
आ, उस युवक-वीर-सा जिसको
विपदाएँ ही हैं प्यारी।

आ, उस सेवक के समान तू
विनय-शील अनुगामी-सा,
अथवा आ तू युद्धक्षेत्र में
कीर्ति-ध्वजा का स्वामी-सा॥

आशा की सूखी लतिकाएँ
तुझको पा, फिर लहरायीं,
अत्याचारी की कृतियों को
निर्भयता से दरसायीं॥

मत जाओ

अंधकार ! सघनांधकार! हा,
निराधार संसार हुआ।
हम असहाय निहत्थों पर, यह
कैसा भीषण वार हुआ॥

लुटते देखा अपना धन, हम
कुछ न कर सके हार गये।
लोकमान्य, यह क्या सुनती हूँ,
सहसा स्वर्ग सिधार गये?

यों असहाय छोड़कर असमय
कैसे जाते हो भगवान?
लौटो, तुम्हें न जाने देंगे,
दुखी देश के जीवन-प्राण!

भारत मैया की नैया के
चतुर खेवैया लौट चलो।
इस कुसमय में साथ न छोड़ो,
रुक जाओ, ठहरो, सुन लो॥

आशा-बेलि स्वदेश-भूमि की
यों न हाय! मुरझाने दो।

लौटो, लौटो, भारत के घन!
उसे जरा हरियाने दो॥

जननि निछावर होगी तुम पर
जनता बलि-बलि जावेगी।
श्रद्धा और प्रीति से तुमको
नयनों में बिठलावेगी॥

लौटो, आओ, मण्डाले में
मन्दिर हम बनवा देंगे।
वहाँ हथकड़ी और बेड़ियों
का घण्टा टँगवा देंगे॥

तुम बन जाना प्रमुख पुजारी
करते रहना नित टंकार।
हम सब मिलकर करें प्रार्थना
हो स्वराज का मंत्रोच्चार॥

तब स्वतन्त्रता-देवी देगी
प्रमुदित हो प्यारा वरदान।
वह पहली जयमाला गले में
धारण करना तुम भगवान॥

भारत का हो राजतिलक, तुम
तिलक यहीं के कहलाओ।
अमरपुरी बलि कर दो इस पर
यहीं रहो, हा! मत जाओ॥

विस्मृत की स्मृति

सागर जिले के 'रतौना' नामक ग्राम में कसाई-खाना बनाने के लिए सरकार की घोषणा होने पर

उधर गो-भक्त कहाता देश,
इधर ये लाखों गायें कटें।
उधर करतीं वैतरणी पार,
इधर ये हाय छुरी से छटें॥

उधर मचता है हाहाकार
इधर ये कदम न पीछे हटें।
देखकर ये उलटे व्यवहार
हमारे हृदय शोक से फटें॥

उधर तुम कहलाते गोपाल,
इधर ये गौएँ दिन-दिन कटें।
कहो, तुम ही कह दो गोपाल,
तुम्हें अब कौन नाम से रटें?

बचाने को तुमने गो-वंश
उठाया था गोवर्धन हाथ।
किन्तु अब गोवध होता देख
क्यों नहीं आते हो तुम नाथ?

मानते जन्म-दिवस ही रहे,
कृष्ण ! तुम बोलो आये कहाँ?
व्यर्थ क्यों धोखा देकर गये--
कि 'आऊँगा मैं फिर भी यहाँ' ॥

हुआ घर में बालक का जन्म!
समझने लगे कि आये कृष्ण।
बधावे गाये लेकर नाम
तुम्हारा दर्शन किया सतृष्ण॥

बनीं हम नँदरानी तत्काल,
बनाया बालक को नँदलाल।
बना घर-आँगन गोकुल रम्य,
हुआ परिजन का हृदय निहाल॥

किन्तु वह जैसे बढ़ने लगा
हठी, अनयी, स्वार्थी हो चला।
नहीं जनसेवा का कुछ भाव
कृष्ण, आशा ने हमको छला॥

छले जाते हैं यद्यपि नित्य,
किन्तु हम करते हैं विश्वास!
एक दिन आओगे तुम कृष्ण,
दुष्ट-दल का करने को नाश॥

अभी भी यहाँ बहुत से कंस
मचाते हैं नित अत्याचार।
नष्ट होता प्यारा गो-वंश
बढ़ा जाता पृथ्वी का भार॥

तुम्हारे स्वागत के हित बने
हुए हैं अब भी कारागार।

घटाएँ नभ में काली घिरीं,
बरसती देखी मूसलधार ॥

अँधेरा छाया है यह घना
जन्म का प्रस्तुत है सामान।
यही है कृष्ण-जन्म का समय
वचन पूरा कर दो भगवान॥

वीरों का कैसा हो वसन्त?

वीरों का कैसा हो वसन्त?
आ रही हिमाचल से पुकार,
है उदधि गरजता बार-बार,
प्राची, पश्चिम, भू, नभ अपार,
सब पूछ रहे हैं दिग्-दिगन्त,
वीरों का कैसा हो वसन्त?

फूली सरसों ने दिया रंग,
मधु लेकर आ पहुँचा अनंग,
वधु-वसुधा पुलकित अंग-अंग,
हैं वीर वेश में किन्तु कन्त,
वीरों का कैसा हो वसन्त?

भारी रही कोकिला इधर तान,
मारू बाजे पर उधर गान,
है रंग और रण का विधान,
मिलने आये हैं आदि-अन्त,
वीरों का कैसा हो वसन्त?

गलबाँहें हों, या हो कृपाण
चल-चितवन हो, या धनुष-बाण,
हो रस-विलास या दलित-त्राण

अब यही समस्या है दुरन्त,
वीरों का कैसा हो वसन्त?

कह दे अतीत अब मौन त्याग,
लंके, तुझ में क्यों लगी आग?
ऐ कुरुक्षेत्र ! अब जाग, जाग,
बतला अपने अनुभव अनन्त,
वीरों का कैसा हो वसन्त?

हल्दी-घाटी के शिला-खण्ड,
ऐ दुर्ग ! सिंह-गढ़ के प्रचण्ड,
राणा ताना का कर घमण्ड,
दो जगा आज स्मृतियाँ ज्वलंत
वीरों का कैसा हो वसन्त?

भूषण अथवा कवि चन्द नहीं,
बिजली भर दे वह छन्द नहीं,
है कलम बँधी, स्वच्छन्द नहीं
फिर हमें बतावे कौन? हन्त!
वीरों का कैसा हो वसन्त?

पुरस्कार कैसा

सहसा हुई पुकार! मातृ—
मन्दिर में मुझे बुलाया क्यों?
जान-बूझ कर सोयी थी, फिर
जननी! मुझे जगाया क्यों?

भूल रही थी स्वप्न देखना,
आमन्त्रण पहुँचाया क्यों?
बन्द द्वार करने जाती थी
फिर पथ हाय! सुझाया क्यों?

मान मातृ-आदेश, दौड़कर
आने को लाचार हुई।
क्या मेरी टूटी-फूटी-सी
सेवा है स्वीकार हुई?

स्वयं उपेक्षित पर गुरुजन का
पथ-भूला दुलार कैसा?
तिरस्कार के योग्य बावली,
पर यह अतुल प्यार कैसा?

इस बुन्देलों की झाँसी में
शस्त्रों बिना तार कैसा?

देश-प्रेम की मतवाली को
जननी ! पुरस्कार कैसा?

क्षत्राणी हूँ, सुख पाने दे
अरुणामृत की धारों से।
बनने दे इतिहास देश का
पानी चढ़े दुधारों से॥

जरा सुलग जाने दे चारों-
दिशि कुरबानी की आगी।
अरी बेतवा ! दिखा समर में
तेरे पानी की आगी॥

हर पत्थर पर लिख जहाँ
बलिदान लक्ष्मीबाई का।
कौन मूल्य है वहाँ सुभद्रा
की कविता-चतुराई का?

न्यौता ! न्यौते का जवाब
मैं न्यौता देने आयी हूँ।
भाई ! दो, मैं तिलक-लालिमा
साथ न अपने लायी हूँ॥

आज तुम्हारी लाली से
माँ के मस्तक पर हो लाली।
काली जंजीरें टूटें, काली
जमना में हो लाली॥

जो स्वतन्त्र होने को है,
पावन दुलार उन हाथों का।

स्वीकृत है, माँ की वेदी पर
पुरस्कार उन हाथों का॥

लड़ने की धुन में भाई!
ममता का मधुर स्वाद कैसा?
अपने ही से अपनों का,
डरती हूँ धन्यवाद कैसा?

अन्य कविताएँ

मेरा जीवन

मैंने हँसना सीखा है
मैं नहीं जानती रोना।
बरसा करता पल-पल पर
मेरे जीवन में सोना।

मैं अब तक जान न पाई
कैसी होती है पीड़ा?
हँस-हँस जीवन में कैसे
करती है चिन्ता क्रीड़ा?

जग है असार सुनती हूँ
मुझको सुख-सार दिखाता।
मेरी आँखों के आगे
सुख का सागर लहराता।

कहते हैं होती जाती
खाली जीवन की प्याली।
पर मैं उसमें पाती हूँ
प्रतिपल मदिरा मतवाली।

उत्साह, उमंग निरन्तर
रहते मेरे जीवन में।
उल्लास विजय का हँसता
मेरे मतवाले मन में।

आशा आलोकित करती
मेरे जीवन के प्रतिक्षण।
है स्वर्ण-सूत्र से वलयित
मेरी असफलता के घन।

सुख भरे सुनहले बादल
रहते हैं मुझको घेरे।
विश्वास, प्रेम, साहस हैं
जीवन के साथी मेरे॥

अपराधी है कौन, दण्ड का भागी बनता कौन?

अपराधी है कौन, दण्ड का
भागी बनता कौन?
कोई उनसे कहे कि पल भर
सोचें रह कर मौन।

वे क्या समझ सकेंगे
उनकी खीजमयी मनुहार।
उनका हँस कर कह देना, 'सखि,
निभ न सकेगा प्यार।

यहीं कुचल दो, यहीं मसल दो
मत बढ़ने दो बेल।
निर्मम जग के आघातों से
बिगड़ जायेगा खेल।

मेरे लिए न करना, सखि,
तुम थोड़ा सा भी त्याग।
जलने दो, मुझ को सुखकर है
यह जीवन की आग।

रहने दो क्यों मोल ले रही
हो नाहक उन्माद।

जीवन का सुख बेच रही हो
लेकर विषम विषाद॥

स्नेह-सलिल से ओत-प्रोत मन
भर नैनों में नीर।
इस उन्मादी के समीप आ
होना नहीं अधीर॥

इन नैनों के प्रेम-वारि से
बुझ न सकेगी आग।
भभक उठेगी अग्नि न गाना
सखि ! तुम करुण विहाग॥

मैं जैसा हूँ, उसी तरह बस
रहने दो चुपचाप।
यह है मेरी अग्नि जल रहा
हूँ मैं अपने आप॥'

बार-बार वे कह जाते हैं
भर आँखों में प्यास।
खो बैठे हैं वह जीवन का
हास और उल्लास॥

मुझे हाट से हटा उन्होंने
मोल लिया उन्माद।
सखा बन गया जीवन का अब
उनके विषम विषाद॥

है प्रफुल्लता के परदे में
भीषण-भीषण दाह।
अपनी इन आँखों से मैं सब
देख रही हूँ आह॥

जलती हूँ, ज्वाला उठती है
पा नैनों का नीर।
क्रान्ति मच रही है जीवन में
हूँ उद्भ्रान्त अधीर॥

नहीं मार्ग अज्ञात, किन्तु मैं
फिर भी हूँ गतिहीन।
वैभव की गोदी में हूँ पर
फिर भी दीन-मलीन॥

कोई उनसे कहे कि मेरा
ही है सब अपराध।
उनको अपना कहूँ हृदय में
मेरे ही थी साध॥

वही साध अपराध हुई,
हो गयी हृदय का दाह।
प्राणों का उन्माद बन गयी
मेरी पागल चाह॥

मेरी प्याली

अपने कविता-कानन की
मैं हूँ कोयल मतवाली।
मुझ से मुखरित हो गाती
उपवन की डाली-डाली॥

मैं जिधर निकल जाती हूँ
मधुमास उतर आता है।
नीरस जन के जीवन में
रस घोल-घोल जाता है॥

सूखे सुमनों के दल पर
मैं मधु-संचालन करती।
मैं प्राण-हीन का अपने
प्राणों से पालन करती॥

मेरे जीवन में जाने
कितना मतवालापन है!
कितने हैं प्राण छलकते
कितना मधु-मिश्रित मन है!

दोनों हाथों से भर-भर
मैं मधु को सदा लुटाती।
फिर भी न कमी होती है
प्याली भरती ही जाती॥

मनुहार

क्यों रूठे हो, क्या भूल हुई,
किसलिए आज हो खिन्न हुए?
जो थे अभिन्न दो हृदय देव,
वे आज कहो क्यों भिन्न हुए?
सुख की कितनी अतुलित घड़ियाँ
हमने मिल साथ बितायी हैं।
कितनी ही कठिन समस्याएँ
हमने मिलकर सुलझायी हैं।

मिल बैठे दोनों जहाँ कहीं
संसार हमारा वहीं हुआ।
था स्वर्ग तुच्छ इन आँखों में
यदि एक वहाँ पर नहीं हुआ।
तुम थे मेरे सर्वस्व और मैं
जीवन-ज्योति तुम्हारी थी।
मैं तुम में थी, तुम मुझ में थे,
हम दोनों की गति न्यारी थी।

है ज्ञात मुझे सौ-सौ मेरे
अपराध क्षमा करते थे तुम।
मेरी कितनी त्रुटियों पर भी
कुछ ध्यान नहीं धरते थे तुम।

फिर क्या अपराध हुआ जिससे
रूखा व्यवहार तुम्हारा है?
उन अपराधों से क्या कोई
अपराध इस समय न्यारा है?

बोलो, अब कृपा करो, कह दो,
कह दो, अब रहा नहीं जाता।
यह मौन तुम्हारा हे मानी,
मुझ से अब सहा नहीं जाता।
हँसती हूँ, बातें करती हूँ,
खाती-पीती हूँ, जीती हूँ।
यह पीर छिपाये अन्तर में
चुपचाप अश्रु-कण पीती हूँ।

यह मर्म-कथा अपनी ही है
औरों को नहीं सुनाऊँगी।
तुम रूठो सौ-सौ बार तुम्हें
पैरों पड़ सदा मनाऊँगी!
बस, बहुत हो चुका, क्षमा करो,
अवसाद हटा दो अब मेरा।
खो दिया जिसे मद में मैंने
लाओ, दे दो वह सब मेरा।

प्रिय ! हृदय-देश में फिर अपने
जम जाने दो आसन मेरा।
बन जाने दो रानी फिर से
दे दो, दे दो शासन मेरा।
दे दो सुख का साम्राज्य मुझे,
दोनों दिल फिर मिल जाने दो।
मुरझाई जाती आशा की
कलियों को फिर खिल जाने दो।

उल्लास

शैशव के सुन्दर प्रभात का
मैंने नव विकास देखा।
यौवन की मादक लाली में
जीवन का हुलास देखा॥

जग-झंझा-झकोर में
आशा-लतिका का विलास देखा।
आकांक्षा, उत्साह, प्रेम का
क्रम-क्रम से प्रकाश देखा॥

जीवन में न निराशा मुझको
कभी रुलाने को आयी।
जग झूठा है यह विरक्ति भी
नहीं सिखाने को आयी॥

अरिदल की पहिचान कराने
नहीं घृणा आने पायी।
नहीं अशान्ति हृदय तक अपनी
भीषणता लाने पायी॥

मैंने सदा किया है सब से
मधुर प्रेम का ही व्यवहार।

विनिमय में पाया सदैव ही
कोमल अन्तस्तल का प्यार॥

मैं हूँ प्रेममयी, जग दिखता
मुझे प्रेम का पारावार।
भरा प्रेम से मेरा जीवन
लुटा रहा है निर्मल प्यार॥

मैं न कभी रोई जीवन में,
रोता दिखा न यह संसार।
मृदुल प्रेम के ही गिरते हैं
आँखों से मोती दो-चार॥

स्वागत-साज

ऊषे सजनि ! अपनी लाली से
आज सजा दो मेरा तन,
कला सिखा खिलने की कलिके
विकसित कर दो मेरा मन॥

हे प्रसून-दल ! अपना वैभव
बिखरा दो मेरे ऊपर,
मुझ-सी मोहक और न कोई
कहीं दिखायी दे भू पर॥

माधव ! अपनी मनोमोहिनी
मधु-माया मुझ में भर दो।
पल भर को कर कृपा सजीले!
मुझे को भी सज्जित कर दो॥

अरी विहंगिनि! गर्वीली,
ओ ऋतुपति के प्राणों की प्राण।
हे कलकंठ ! सिखा दे पल भर
के ही लिए मुझे कल गान॥

अरी मयूरी! नर्तन तेरा
मोहित करता है घन को।

मुझे सिखा दे कला, मोह लूँ
मैं अपने मन के धन को॥

सखि ! मेरे सौभाग्य-सदन में
लाली छा जायेगी आज।
वे आयेंगे, मुझे सजा दो
दे दे कर तुम अपना साज॥

उस महान् वैभव के आगे
मैं भी ठहर सकूँ क्षण-भर।
उस विशालता के सम्मुख सखि!
मेरा भी कुछ हो क्षण-भर॥

करुण-कहानी

आह ! करोगे क्या सुन कर तुम
मेरी करुण कहानी को।
भूल चुकी मैं स्वयं आज
उस स्वप्न-लोक की रानी को॥

जो चुन कर आकाश-कुसुम का
हार बनाने वाली थी।
उनके काँटों से इस उर का
साज सजाने वाली थी॥

अपने वैभव को बटोर कर
कहीं चढ़ाने वाली थी।
उन्हें पकड़ने को यह दुर्बल
हाथ बढ़ाने वाली थी॥

पर क्या संभव है पा जाना
नील-गगन का प्यारा फूल।
जो मेरी आँखों में बरबस
रहा पुतलियों के संग झूल॥

मुझे वहाँ तक पहुँचाने में
हो न सका विधि भी अनुकूल।

सजनि ! वायु भी तो बहती थी
उस दिन मेरे ही प्रतिकूल ॥

थे अप्राप्त तो मुझे सुनहले
सपने ही दिखलाये क्यों?
छिप-छिप बिना सूचना के
मेरे मानस में आये क्यों?

मधुमय पीड़ा से मेरी
रीती प्याली भर लाये क्यों?
जलते जीवन में जल के
दो-चार बिन्दु टपकाये क्यों?

अरे प्राण ! इस भाँति निठुर
होकर ही तुमको जाना था?
तो फिर क्यों केवल दो दिन के
लिए मुझे पहिचाना था?

चपला की सी चमक दिखाकर
ही यदि फिर छिप जाना था।
तो प्राणेश ! तुम्हें मेरे
प्राणों में नहीं समाना था ॥

आज झर रही हैं निर्झर-सी
झर-झर यह आँखें अविराम।
नहीं खोजने पर भी पाता
यह उद्भ्रान्त हृदय विश्राम ॥

बाल-सूर्य की प्रथम रश्मि के
साथ-साथ ही आयी शाम।
जल तम में प्रज्वलित हो उठी
वह वियोग-ज्वाला उद्दाम ॥

यहीं रुको बस, बहुत सुन लिया
तुमने उसका करुण कलाप।
यहीं करो इति आगे सुनकर
नाहक ही होगा सन्ताप॥

अर्थहीन है, सारहीन है
उस पगली का सभी प्रलाप।
भूलो उसे, भूल भी जाओ
समझो उसे अरण्य-विलाप॥

मुझ अकिंचना के प्रति होकर
द्रवित न होना कहीं विकल।
मेरी ऊष्म उसासों से मत
झुलसा लेना अन्तस्तल॥

इस एकान्त तरल ज्वाला में
मिटने दो मुझको जल-जल।
एक जलन ही तो जीवन है,
प्रतिपल उसका प्रेमानल॥

विस्मृति में विलीन होने दो
अब अतीत की रानी को।
रहने दो, कर दया न पूछो
मेरी करुण कहानी को॥

प्रथम दर्शन

प्रथम जब उनके दर्शन हुए हठीली आँखें अड़ ही गयीं।
बिना परिचय के एकाएक हृदय में उलझन पड़ ही गयी।
मूँदने पर भी दोनों नेत्र, खड़े दिखते सम्मुख साकार।
पुतलियों में उनकी छवि श्याम मोहिनी जीवित जड़ ही गयी।
भूल जाने को उनकी याद किये कितने ही तो उपचार।
किन्तु उनकी वह मंजुल मूर्ति छाप-सी दिल पर पड़ ही गयी॥

सेनानी का स्वागत

हम हारे या थके रुकी-सी
किन्तु युद्ध की गति है।
हमें छोड़कर चला गया
पथ-दर्शक सेनापति है॥

अन्धकार छा रहा भ्रमित सी
आज हमारी मति है।
जिधर उठाते दृष्टि दिखायी
देती क्षति ही क्षति है॥

ऐसी घोर निराशा में तुम
आशा बनकर आओ।
स्वागत है शत बार विजय का
आओ मार्ग दिखाओ॥

वह सेनापति हमें आज भी
है प्राणों से प्यारा।
ऐसे विषम समय में भी है
उसका हमें सहारा॥

पर अपने ही चक्र-व्यूह में
है वह फँसकर हारा।

बोलो ऐ सेनानी ! अब क्या
है कर्त्तव्य तुम्हारा ॥

रण-भेरी का नाद सदा को
क्या अब रुक जायेगा?
जिसको ऊँचा किया वही क्या
झंडा झुक जायेगा ॥

गोली लाठी-चार्ज जेल की
वह भीषण दीवारें।
काल-कोठरी दण्ड यातना
वे कोड़ों की मारें ॥

प्रभुता-मद से भरी शत्रु की
व्यंग्य भरी बौछारें।
साक्षी हैं साहस की, फिर हम
जीतें अथवा हारें ॥

हैं सन्तप्त तदपि आशा से
स्वागत आज तुम्हारा।
एक बार फिर कह दो झंडा
ऊँचा रहे हमारा ॥

साध

मृदुल कल्पना के चल पंखों
पर हम तुम दोनों आसीन।
भूल जगत के कोलाहल को
रच लें अपनी सृष्टि नवीन॥

वितत विजन के शान्त प्रान्त में
कल्लोलिनी नदी के तीर।
बनी हुई हो वहीं कहीं पर
हम दोनों की पर्ण-कुटीर॥

कुछ रूखा-सूखा खाकर ही
पीते हों सरिता का जल।
पर न कुटिल आक्षेप जगत के
करने आवें हमें विकल॥

सरल काव्य-सा सुन्दर जीवन
हम सानन्द बिताते हों।
तरु-दल की शीतल छाया में
चल समीर सा गाते हों॥

सरिता के नीरव प्रवाह सा
बढ़ता हो अपना जीवन।

हो उसकी प्रत्येक लहर में
अपना एक निरालापन॥

रचे रुचिर रचनाएँ जग में
अमर प्राण भरने वाली।
दिशि-दिशि को अपनी लाली से
अनुरंजित करने वाली॥

तुम कविता के प्राण बनो मैं
उन प्राणों की आकुल तान।
निर्जन वन को मुखरित कर दे
प्रिय ! अपना सम्मोहन गान॥

झाँसी की रानी की समाधि पर

इस समाधि में छिपी हुई है
एक राख की ढेरी।
जलकर जिसने स्वतन्त्रता की
दिव्य आरती फेरी॥

यह समाधि, यह लघु समाधि, है
झाँसी की रानी की।
अन्तिम लीलास्थली यही है
लक्ष्मी मर्दानी की॥

यहीं कहीं पर बिखर गयी वह
भग्न विजय-माला-सी।
उसके फूल यहाँ संचित हैं
है यह स्मृति-शाला-सी॥

सहे वार पर वार अन्त तक
लड़ी वीर बाला-सी।
आहुति-सी गिर चढ़ी चिता पर
चमक उठी ज्वाला-सी॥

बढ़ जाता है मान वीर का
रण में बलि होने से।

मूल्यवती होती सोने की
भस्म, यथा सोने से॥

रानी से भी अधिक हमें अब
यह समाधि है प्यारी।
यहाँ निहित है स्वतन्त्रता की
आशा की चिनगारी॥

इससे भी सुन्दर समाधियाँ
हम जग में हैं पाते।
उनकी गाथा, पर निशीथ में
क्षुद्र जन्तु ही गाते॥

पर कवियों की अमर गिरा में
इसकी अमिट कहानी।
स्नेह और श्रद्धा से गाती
है वीरों की बानी॥

बुन्देले हरबोलों के मुख
हमने सुनी कहानी।
खूब लड़ी मर्दानी वह थी
झाँसी वाली रानी॥

यह समाधि, यह चिर समाधि
है झाँसी की रानी की।
अन्तिम लीलास्थली यही है
लक्ष्मी मर्दानी की॥

परिचय

क्या कहते हो, कुछ लिख दूँ मैं ललित-कलित कविताएँ।
चाहो तो चित्रित कर दूँ जीवन की करुण कथाएँ॥
सूना कवि-हृदय पड़ा है, इसमें साहित्य नहीं है।
इस लुटे-हुए जीवन में, अब तो लालित्य नहीं है॥
मेरे प्राणों का सौदा, करती अन्तर की ज्वाला।
बेसुध-सी करती जाती, क्षण-क्षण वियोग की हाला॥
नीरस-सा होता जाता, जाने क्यों मेरा जीवन।
भूली, भूली-सी फिरती लेकर यह खोया-सा मन॥
कैसे जीवन की प्याली टूटी, मधु रहा न बाकी?
कैसे छुट गया अचानक मेरा मतवाला साकी?
सुध में मेरे आते ही मेरा छिप गया सुनहला सपना।
खो गया कहाँ पर जाने? जीवन का वैभव अपना॥
क्यों कहते हो लिखने को, पढ़ लो आँखों में सहृदय।
मेरी सब मौन व्यथाएँ मेरी पीड़ा का परिचय॥

अनोखा दान

अपने बिखरे भावों का मैं गूँथ अटपटा-सा यह हार
चली चढ़ाने उन चरणों पर अपने हिय का संचित प्यार
डर था कहीं उपस्थिति मेरी, उनकी कुछ घड़ियाँ बहुमूल्य
नष्ट न कर दे, फिर क्या होगा मेरे इन भावों का मूल्य?
संकोचों में डूबी मैं जब पहुँची उनके आँगन में
कहीं उपेक्षा करें न मेरी, अकुलायी-सी थी मन में।
किन्तु अरे! यह क्या? इतना आदर, इतनी करुणा, सम्मान?
प्रथम दृष्टि में ही दे डाला तुमने मुझे अहो मतिमान!
मैं अपने झीने-अंचल में इस अपार करुणा का भार।
कैसे भला सम्हाल सकूँगी मैं उनका वह स्नेह अपार।
लख महानता उनकी, पल-पल देख रही हूँ अपनी ओर
मेरे लिए बहुत थी केवल उनकी तो करुणा की कोर।

उपेक्षा

इस तरह उपेक्षा मेरी, क्यों करते हो मतवाले!
आशा के कितने अंकुर, मैंने हैं उर में पाले॥
विश्वास-वारि से उनको, मैंने है सींच बढ़ाये।
निर्मल-निकुंज में मन के रहती हूँ सदा छिपाये॥
मेरी साँसों की लू से कुछ आँच न उनमें आये।
मेरे अन्तर की ज्वाला उनको न कभी झुलसाये॥
कितने प्रयत्न से उनको मैं हृदय नीड़ में अपने
बढ़ते लख खुश होती थी देखा करती थी सपने॥
इस भाँति उपेक्षा मेरी, करके मेरी अवहेला।
तुमने आशा की कलियाँ मसलीं खिलने की बेला॥

व्याकुल चाह

सोया था संयोग, उसे किस लिए जगाने आये हो?
क्या मेरे अधीर यौवन की प्यास बुझाने आये हो?
रहने दो, रहने दो, फिर से जाग उठेगा वह अनुराग।
बूँद-बूँद से बुझ न सकेगी जगी हुई जीवन की आग॥
झपकी-सी ले रही निराशा के पलनों में व्याकुल चाह।
पल-पल विजन डुलाती उस पर अकुलाये प्राणों की आह॥
रहने दो अब उसे न छेड़ो, दया करो मेरे बेपीर।
उसे जगाकर क्यों करते हो नाहक मेरे प्राण अधीर॥

तुम

जब तक मैं, मैं हूँ; तुम, तुम हो, है जीवन में जीवन।
कोई नहीं छीन सकता तुमको मुझसे मेरे धन॥
आओ मेरे हृदय कुंज में निर्भय करो विहार।
सदा बन्द रखूँगी मैं अपने अन्तर का द्वार॥
नहीं लाँछना की लपटें प्रिय तुम तक जाने पायेंगी।
पीड़ित करने तुम्हें वेदनाएँ न वहाँ आयेंगी॥
अपने उच्छ्वासों में मिश्रित कर आँसू की बूँद।
शीतल कर दूँगी तुम प्रियतम सोना आँखें मूँद॥
जगने पर पीना छक-छक कर मेरी मदिरा की प्याली।
एक बूँद भी शेष न रहने देना करना खाली॥
नशा उतर जाये फिर भी बाकी रह जाय खुमारी।
रह जाये लाली आँखों में स्मृतियाँ प्यारी-प्यारी॥

आराधना

जब मैं आँगन में पहुँची पूजा का थाल सजाये।
शिवजी की तरह दिखे वे, बैठे थे ध्यान लगाये॥
जिन चरणों के पूजन को यह हृदय विकल हो जाता।
मैं समझ न पायी वह भी है किसका ध्यान लगाता?
मैं सन्मुख हो जा बैठी कुछ चिन्तित सी घबरायी।
यह किसके आराधक हैं मन में व्याकुलता छायी॥
मैं इन्हें पूजती निशि-दिन ये किसका ध्यान लगाते?
हे विधि! कैसी छलना है, हैं कैसे दृश्य दिखाते?
टूटी समाधि इतने ही में नेत्र उन्होंने खोले।
लख मुझे सामने हँस कर मीठे स्वर में वे बोले॥
फल गयी साधना मेरी तुम आयीं आज यहाँ पर।
उनकी मंजुल छाया में भ्रम रहता भला कहाँ पर॥
अपनी भूलों पर मन यह जाने कितना पछताया।
संकोच सहित चरणों पर जो कुछ था वही चढ़ाया॥

पूछो

विफल प्रयत्न हुए सारे मैं हारी निष्ठुरता जीती।
अरे न पूछो कह न सकूँगी तुमसे मैं अपनी बीती॥
नहीं मानते हो तो जा उन मुकुलित कलियों से पूछो।
अथवा विरह विकल घायल सी भ्रमरावलियों से पूछो।
जो माली के निठुर करों से असमय में दी गयीं मरोड़।
जिनका जर्जर हृदय विकल है प्रेमी मधुप वृन्द को छोड़॥
सिन्धु-प्रेयसी सरिता से तुम जाके पूछो मेरा हाल।
जिसे मिलन पथ पर रोका हो कहीं किसी ने बाधा डाल॥

प्यार

नयन-मुक्ता से तुम अनमोल
सुस्मित अधरों की मृदु मुस्कान।
व्यथा को देते क्षण क्षण घोल,
सिहर उठता है व्याकुल प्राण ॥

सिखाता अनुभव का संसार
न करना कभी भूल कर प्यार ॥

चार दिन का करके संयोग
कोकिला से पल्लवित वसन्त।
विरह का देता ताप निदाघ।
न है जिसका जीवन में अन्त ॥

यही है मृदुल प्रेम व्यवहार?
इसी को कहते हैं क्या प्यार?

गिरा अगणित मुक्ता के ढेर
नयन दे रहे निराला दान।
चढ़ा मानस के मुकुलित फूल
हृदय कर रहा उन्हीं का ध्यान ॥

शून्य नभ में ये नयन निहार
ढूँढ़ते रहते उनका प्यार ॥

न जाने लिख जाता है कौन
हृदय पर बीते का इतिहास?
जिसे पढ़ चुकी अनेकों बार
किन्तु बुझ सकी न अब तक प्यास।

विकल सी रहती हूँ मन मार।
ढूँढ़ दो मेरा खोया प्यार॥

स्मृति चित्रित कर जाती सदा
पुतलियों में वह सुन्दर चित्र
सिखती विस्मृति आकर उसी
समय भूली हे भोले मित्र॥

अन्त में सबका इसी प्रकार
यही संसार यही है प्यार॥

जन्म से मृत्यु मृत्यु से जन्म
वहीं है विरह जहाँ संयोग।
छिपी है दुख की छाया वहीं
जहाँ पुलकित सुख का उपभोग

यही कहता है विश्व पुकार
मिलेगा मुझसे मेरा प्यार॥

मेरा गीत

जब अन्तस्तल रोता है, कैसे कुछ तुम्हें सुनाऊँ?
इन टूटे से तारों पर, मैं कौन तराना गाऊँ?
सुन लो संगीत सलोने, मेरे हिय की धड़कन में।
कितना मधु मिश्रित रस है, देखो मेरी तड़पन में॥
यदि एक बार सुन लोगे, तुम मेरा करुण तराना।
हे रसिक ! सुनोगे कैसे? फिर और किसी का गाना॥
कितना उन्माद भरा है, कितना सुख इस रोने में।
उनकी तसवीर छिपी है, अन्तस्तल के कोने में॥
मैं आँसू की जयमाला, प्रतिपल उनकी पहनाती।
जपती हूँ नाम निरन्तर, रोती हूँ अथवा गाती॥

वेदना

दिन में प्रचंड रवि-किरणें मुझको शीतल कर जातीं।
पर मधुर ज्योत्स्ना तेरी हे शशि है मुझे जलाती॥
संध्या की सुमधुर बेला सब विहग नीड़ में आते।
मेरी आँखों के जीवन बरबस मुझसे छिन जाते॥
नीरव निशि की गोदी में बेसुध जगती जब होती।
तारों से तुलना करते मेरी आँखों के मोती॥
झंझा के उत्पातों सा बढ़ता उन्माद सहृदय का।
सखि! कोई पता बता दे मेरे भावुक सहृदय का॥
जब तिमिरावरण हटा कर ऊषा की लाली आती।
मैं तुहिन बिन्दु सी उनके स्वागत पथ पर बिछ जाती॥
खिलते प्रसून दल, पक्षी कलरव निनाद कर गाते।
उनके आगम का मुझको मीठा संदेश सुनाते॥

मधुमय प्याली

रीती होती जाती थी जीवन की मधुमय प्याली।
फीकी पड़ती जाती थी मेरे यौवन की लाली॥
हँस-हँस कर यहाँ निराशा थी अपने खेल दिखाती।
धुँधली रेखा आशा की पैरों से मसल मिटाती॥
युग-युग सी बीत रही थीं मेरे जीवन की घड़ियाँ।
सुलझाये नहीं सुलझतीं उलझे भावों की लड़ियाँ॥
जाने इस समय कहाँ से वे चुपके-चुपके आये।
सब रोम-रोम में मेरे वे बन कर प्राण समाये॥
मैं उन्हें भूलने जाती वे पलकों में छिप रहते।
मैं दूर भागती उनसे वे छाया बन कर रहते॥
विधु के प्रकाश में जैसे तारावलियाँ घुल जातीं।
बालारुण की आभा से अगणित कलियाँ खुल जातीं॥
आओ हम उसी तरह से सब भेद भूल कर अपना।
मिल जायें मधु बरसायें जीवन दो दिन का सपना॥
फिर छलक उठी है मेरे जीवन की मधुमय प्याली।
आलोक प्राप्त कर उनका चमकी यौवन की लाली॥

उनका जाना

आह ! चले ही जायेंगे क्या? सचमुच मुझे अकेली छोड़।
विमल प्रेम के इन कोमल पौधों को निष्ठुरता से तोड़॥
जायेंगे? यह कैसे होगा, उन्हें नहीं जाने दूँगी।
रुको निराशे ! तुम्हें न अपने मन में मैं आने दूँगी॥
उन्हें रोकने की आशा का दीप जलाये बैठी हूँ।
बाधा के स्वरूप उस पथ पर नेत्र बिछाये बैठी हूँ॥
लोक-लाज-कुल-मान-प्रतिष्ठा सभी भुलाये बैठी हूँ।
कैसे जायेंगे? प्राणों की होड़ लगाये बैठी हूँ॥
देख सकेंगी क्या ये आँखें चुप होकर उनका जाना।
उगते ही उगते रवि का काले बादल में छिप जाना॥
खिलने से पहले ही कोमल कलिका का मुरझा जाना।
आह ! रोक लो सह न सकूँगी इस प्रकार उनका जाना॥
क्या बोले? जावेंगे ही, देखूँगी कैसे जाते हैं?
मेरे निर्मल प्रेम-पाश को कैसे तोड़े जाते हैं?
मुझको कलपा कर क्या वे भी भला कहीं कल पाते हैं?
जाने दो, सुन लूँगी लेकिन फिर वे लौटे आते हैं।

विदा

अपने काले अवगुंठन को रजनी ! आज हटाना मत।
जला चुकी हो नभ में जो ये दीपक उन्हें बुझाना मत॥
सजनि ! विश्व में आज तना रहने देना यह तिमिर वितान।
ऊषा के उज्ज्वल अंचल में आज न छिपना अरी सुजान॥
सखि ! प्रभात की लाली में छिन जायेगी मेरी लाली।
इसीलिए कस कर लपेट लो तुम अपनी चादर काली॥
किसी तरह भी रोको, रोको, सखि! मुझ निधनी के धन को।
आह ! रो रहा रोम-रोम फिर कैसे समझाऊँ मन को॥
आओ आज विकलते ! जग की पीड़ाएँ न्यारी-न्यारी।
मेरे आकुल प्राण जला दो आओ तुम बारी-बारी॥
ज्योति नष्ट कर दो नयनों की लख न सकूँ उनका जाना।
फिर मेरे निष्ठुर से कहना कर लें वे भी मनमाना॥

विदाई

आशे! किसी हरित पल्लव में जाओ, जाओ, छिप जाओ।
खुला हुआ है द्वार निराशे ! आओ स्वागत है आओ॥
आओ उद्विग्नते ! हृदय का मंथन कर दुख पहुँचाओ।
निष्ठुरते ! जाओ निष्ठुरतम उनका हृदय बना आओ॥
मुझ अकिंचना को तजकर जाने में उन्हें न ही दुख लेश।
उनके सरस हृदय को करुणे! जाकर पहुँचाना मत क्लेश॥
हे ममत्व की मधुर लालिमे ! आज बदल दो अपना वेश।
मेरे लिए हृदय में उनके रह न जाय कुछ ममता शेष॥
मेरे आगे स्वार्थ खड़ा है उनके आगे है कर्त्तव्य।
मूर्ख भावना उन्हें रोकने की क्या हो सकती क्षन्तव्य॥
अरे हृदय ! रोको अपने को, अरी आँख ! रुक जाओ अब।
विघ्न और बाधाएँ उनके पथ की दूर हटाओ सब॥
जाने दो, जाने दो, उनको जाने ही में सुख होगा।
सह लेना पाषाण हृदय, तू भी जो कुछ भी दुख होगा॥
उनकी उन प्यारी स्मृतियों का चित्र सदा सन्मुख होगा।
इन प्यासी आँखों के आगे उनका निर्मल मुख होगा॥
फिर क्यों? हे बावले हृदय ! नाहक होते हो चंचल।
अन्तरतम में मची हुई है क्यों इतनी भीषण हलचल॥
मेरे तो प्रति रोम-रोम में उनका समावेश अविचल।
है कोई क्या मिटा सकेगा मेरा यह निश्चय निश्चल॥
जाओ, जाओ, हृदय देवता ! जाओ हे मेरे पाषाण!
तुम्हें न रोकूँगी यद्यपि हो रहे कण्ठगत मेरे प्राण॥
जाओ अन्तिम विनय यही है मुझे भूल ही जाना तुम।
मेरी स्मृतियों की समाधि पर कभी न फूल चढ़ाना तुम॥

तुम

कितनी बार बुलाया तुमको
दे दे सविनय आमन्त्रण।
फिर भी नहीं पसीजे तिल-भर
अरे निठुर तुम मेरे धन॥

तुम चपला सी चमक दिखाकर
नीले नभ में छिप जाते।
फिर ऊषा की लाली में आ
फूलों में मुसका जाते॥

मन्द वायु लहरों के संग आ
छू जाते हो मेरा तन।
वर्षा की बूँदों में मिल
शीतल कर जाते मेरा मन॥

मेरी इस जीवित समाधि पर
बरसा जाते हो तुम फूल।
बिखरा कर मृदु मुस्कानों का
हर ले जाते मेरा शूल॥

किन्तु कहो कब तक खेलोगे
आँख मिचौनी तुम बेपीर।

मेरा चंचल मन हो जाता
है अस्थिर अत्यन्त अधीर॥

नहीं सूझता मार्ग भूल जाती हूँ
धोखा खाती हूँ
कलियों में, भ्रमरावलियों में
तुम्हें ढूँढ़ने जाती हूँ॥

तुम मुझसे छिप-छिप जाने क्यों
मुझे क्लेश पहुँचाते हो?
अरे प्राण! किस लिए कहो
नाहक मुझको तरसाते हो॥

प्रतिज्ञा

बिछा प्रतीक्षा-पथ पर चिन्तित नयनों के मृदु मुक्ता-जाल।
उनमें जाने कितनी ही अभिलाषाओं के पल्लव पाल॥
बिता दिये मैंने कितने ही व्याकुल दिन, अकुलाई रात।
नीरस नैन हुए कब करके उमड़े आँसू की बरसात॥
मैं सुदूर पथ के कलरव में सुन लेने को प्रिय की बात।
फिरती विकल बावली-सी सहती अपवादों के आघात॥
किन्तु न देखा उन्हें अभी तक इन ललचाई आँखों ने।
संकोचों में लुटा दिया सब कुछ सकुचाई आँखों ने॥
अब मोती के जाल बिछाकर गिनती हैं नभ के तारे।
इनकी प्यास बुझाने को सखि, आयेंगे क्या फिर प्यारे?

झिलमिल तारे

कर रहे प्रतीक्षा किसकी हैं झिलमिल-झिलमिल तारे?
धीमे प्रकाश में कैसे तुम चमक रहे मन मारे॥
अपलक आँखों से कह दो किस ओर निहारा करते?
किस प्रेयसि पर तुम अपनी मुक्तावलि वारा करते?
करते हो अमिट प्रतीक्षा, तुम कभी न विचलित होते।
नीरव रजनी अंचल में तुम कभी न छिप कर सोते॥
जब निशा प्रिया से मिलने, दिनकर निवेश में जाते।
नभ के सूने आँगन में तुम धीरे-धीरे जाते॥
विधुरा से कह दो मन की, लज्जा की जाली खोलो।
क्या तुम भी विरह विकल हो, हे तारे कुछ तो बोलो॥
मैं भी वियोगिनी मुझसे फिर कैसी लज्जा प्यारे?
कह दो अपनी बीती को हे झिलमिल-झिलमिल तारे!

आगमन

मेरे आँगन में उनके आते ही छायी लाली।
छा गयी मधुरिमा मोहक बोलौ कोयल मतवाली॥
कल तक जो मुरझायी थीं वे कलियाँ मुसकाती हैं।
अनमनी रहीं जो अब तक, भ्रमरावलियाँ गाती हैं॥
तेरे तन के कन-कन में, सिंचन करके नव-जीवन।
पुलकित कर जाता है कोई मेरा व्याकुल मन॥
सखि! फिर भी छिपी हुई है मेरे मानस में पीड़ा।
मैं उन्हें देखने जाती, बैरन हो जाती व्रीड़ा॥
सुख नभ में छिप-छिप काले बादल आ आ जाते हैं।
मेरे भविष्य के तम की छाया दिखला जाते हैं॥
आशा की ओढ़ सुनहली साड़ी कह रही निराशा।
भूलो न अरे सपना है मृगतृष्णा है अभिलाषा॥
दो दिन का यह जीवन है दो दिन की है हरियाली।
इस सुख में छिपी हुई है दुख-तम की छाया काली॥

पुत्र-वियोग

आज दिशाएँ भी हँसती हैं
है उल्लास विश्व पर छाया,
मेरा खोया हुआ खिलौना
अब तक मेरे पास न आया।

शीत न लग जाये, इस भय से
नहीं गोद से जिसे उतारा
छोड़ काम दौड़ कर आयी
'माँ' कहकर जिस समय पुकारा।

थपकी दे दे जिसे सुलाया
जिसके लिए लोरियाँ गायीं।
जिसके मुख पर जरा मलिनता
देख आँख में रात बितायी।

जिसके लिए भूल अपनापन
पत्थर को भी देव बनाया
कहीं नारियल, दूध, बताशे
कहीं चढ़ाकर शीश नवाया।

फिर भी कोई कुछ न कर सका
छिन ही गया खिलौना मेरा

मैं असहाय विवश बैठी ही
रही उठ गया छौना मेरा।

तड़प रहे हैं विकल प्राण ये
मुझको पल भर शान्ति नहीं है
वह खोया धन पा न सकूँगी
इसमें कुछ भी भ्रान्ति नहीं है।

फिर भी रोता ही रहता है
नहीं मानता है मन मेरा
बड़ा जटिल नीरस लगता है
सूना, सूना जीवन मेरा।

यह लगता है एक बार यदि
पल भर को उसको पा जाती
जी से लगा, प्यार से सर
सहला, सहला उसको समझाती।

मेरे भैया, मेरे बेटे, अब
माँ को यों छोड़ न जाना
बड़ा कठिन है बेटा खोकर
माँ को अपना मन समझाना।

भाई-बहिन भूल सकते हैं
पिता भले ही तुम्हें भुलावे
किन्तु रात-दिन की साथिन माँ
कैसे अपना मन समझावे!

लोहे को पानी कर देना

जब जब भारत पर भीड़ पड़ी, असुरों का अत्याचार बढ़ा,
मानवता का अपमान हुआ, दानवता का परिवार बढ़ा।
तब तब हो करुणा से प्लावित करुणाकर ने अवतार लिया,
बनकर असहायों के सहाय दानव-दल का संहार किया।

दुख के बादल हट गये, ज्ञान का चारों ओर प्रकाश दिखा,
कवि के उर में कविता जागी, ऋषि-मुनियों ने इतिहास लिखा।
जन-जन में जागा भक्ति-भाव, दिशि-दिशि में गूँजा यशोगान,
मन-मन में पावन प्रीति जगी, घर-घर में थे सब पुण्यवान।

सतयुग त्रेता देता बीता, यश-सुरभि राम की फैलाता,
द्वापर भी आया, गया, कृष्ण की नीति-कुशलता दरशाता।
कलियुग आया, जाते-जाते उसके गान्धी का युग आया,
गान्धी की महिमा फैल गयी, जग ने गान्धी का गुण गाया।

कवि गद्गद हो अपनी-अपनी श्रद्धांजलियाँ भर-भर लाये,
रोमा रोलाँ रवि ठाकुर ने उल्लसित गीत यश के गाये।
इस समारोह में रज-कण-सी मैं क्या गाऊँ? कैसे गाऊँ?
इतनी विभूतियों के सम्मुख घबराती हूँ कैसे जाऊँ?

दुनिया की सब आवाजों से जो ऊपर उठ-उठ जाती है,
लोहे से लोहा बजने की आवाज उस तरफ आती है।

विज्ञान-ज्ञान की परिधि आज अब नहीं किसी बन्धन में है,
सब ओर एक ही बात एक ही चर्चा यह जन-जन में है।

कैसे लोहे में धार करें? कैसे लोहे की मार करें?
मानव दानव बन किस प्रकार आपस में घोर प्रहार करें?
चल जाय तोप जल जाय विश्व, बम लेकर निकले वायुयान,
लोहे के गोले बरस पड़े वर्षा की बूँदों के समान।

यह लोहे के युग की महिमा—श्मशान बन गये ग्राम-ग्राम,
यह लोहे के युग की क्षमता--मिट गये धरा के धाम-धाम।
इस लौह पान ने क्या न किया—जीवित ग्रामों को गड़ा दिया,
इस लौह ज्ञान ने क्या न किया--गिरजे से गिरजा लड़ा दिया।

उस ओर साधना है ऐसी इस ओर अशिक्षित और अजान,
फावड़ा-कुदालवाले ये—मजदूर और भोले किसान।
आशा करते थे एक रोज वह अवतारी फिर आवेगा,
आसुरी कृत्य करके समाप्त फिर दुनिया नही बसावेगा।

पर किसे ज्ञात था जग में वह अवतरित हो चुका है ज्ञानी,
जिसके तप-बल से फुँके सभी दुनिया के ज्ञानी-विज्ञानी।
वह कौन? एक मुट्ठी भर का अधनंगा-सा बूढ़ा फकीर,
जिसके माथे पर सत्य-तेज, जिसकी आँखों में विश्व-पीर।

जिसकी वाणी में शक्ति, भेद जो कुलिश-कपाटों को जाती,
जिसके अन्तर का प्रेम देख असि-धारा कुंठित हो जाती।
वह गांधी हम सब का 'बापू' वह अखिल विश्व का प्यारा है;
वह उनमें ही से एक जिन्होंने आकर विश्व उबारा है।

हैं बुद्ध सुखी उसमें अपने ही परम-धर्म का ज्ञान देख,
हैं ईसा खुश बलिदान देख, पैगम्बर खुश ईमान देख।

बह चली तोप, गल चले टैंक, बन्दूकें पिघली जाती हैं,
सुनते ही मन्त्र अहिंसा का अपने में आप समाती हैं।

पाषाण-हृदय जो थे, देखो वे आज पिघल कर मोम हुए,
मैं राम बनूँ इस आशय से, रावण के घर में होम हुए।
है यही आदि गांधी-युग का, जो बापू ने विस्तारा है,
है यही अन्त लोहे के दिन, जिनका विज्ञान सहारा है।

विज्ञानी की है परम सिद्धि, जग को लोहे से भर देना,
है हँसी-खेल तुमको बापू लोहे को पानी कर देना।
इस तुकबन्दी में सार नहीं पर पूजा की दो बूँदें लो,
इन बूँदों में छोटा-सा कण उन पावन बूँदों का भर दो।

जा आगा खाँ के महलों में छल-छल करती, थीं छलक पड़ी,
उन दो विभूतियों की स्मृति में बरबस आँखों से ढलक पड़ीं।

प्रभु तुम मेरे मन की जानो

मैं अछूत हूँ मन्दिर में आने का मुझको अधिकार नहीं है।
किन्तु देवता यह न समझना तुम पर मेरा प्यार नहीं है॥
प्यार असीम अमिट है फिर भी पास तुम्हारे आ न सकूँगी।
यह अपनी छोटी-सी पूजा चरणों तक पहुँचा न सकूँगी॥

इसीलिए इस अंधकार में मैं छिपती-छिपती आयी हूँ।
तेरे चरणों में खो जाऊँ, इतना व्याकुल मन लायी हूँ॥
तुम देखो पहिचान सको तो तुम मेरे मन को पहिचानो।
जग न भले ही समझे, मेरे प्रभु तुम मेरे मन की जानो।

मेरा भी मन होता है मैं पूजूँ तुमको फूल चढ़ाऊँ।
और चरण-रज लेने को मैं चरणों के नीचे बिछ जाऊँ॥
मुझको भी अधिकार मिले वह जो सबको अधिकार मिला है।
मुझको प्यार मिले, जो सबको देव तुम्हारा प्यार मिला है॥

तुम सबके भगवान, कहो मन्दिर में भेदभाव कैसा?
हे मेरे पाषाण पसीजो बोलो क्यों होता ऐसा?
मैं गरीबिनी किसी तरह से पूजा का सामान जुटाती।
बड़ी साध से तुझे पूजने मन्दिर के द्वारे तक आती॥

कह देता है किन्तु पुजारी यह तेरा भगवान नहीं है।
दूर कहीं मन्दिर अछूत का और दूर भगवान कहीं है॥

मैं सुनती हूँ जल उठती है मन में यह विद्रोही ज्वाला।
यह कठोरता, ईश्वर को भी जिसने टूक-टूक कर डाला॥

यह निर्मम समाज का बन्धन और अधिक अब सह न सकूँगी।
यह झूठा विश्वास प्रतिष्ठा झूठी इसमें रह न सकूँगी॥
ईश्वर भी दो है, यह मानूँ, मन मेरा तैयार नहीं है।
किन्तु देवता यह न समझना तुम पर मेरा प्यार नहीं है॥

मेरा भी मन है जिसमें अनुराग भरा है, प्यार भरा है।
जग में कहीं बरस जाने को स्नेह और सत्कार भरा है॥
वही स्नेह, सत्कार, प्यार मैं आज तुम्हें देने आयी हूँ।
और इतना तुमसे आश्वासन, मेरे प्रभु लेने आयी हूँ॥

तुम कह दो तुमको उनकी इन बातों पर विश्वास नहीं है।
छूत-अछूत, धनी-निर्धन का भेद तुम्हारे पास नहीं है॥

यही कवि की अंतिम रचना है।

बच्चों के लिए कविताएँ

कोयल

काली काली कोयल है
पर कितनी मीठी बोली है
इसने ही तो कूक कूक
आमों में मिश्री घोली है।

यही आम जो अभी लगे हैं
खट्टे खट्टे, हरे हरे
कोयल कूकेगी हो जायेंगे
पीले, रस भरे भरे।

हमें देख कर टपक पड़ेंगे
हम खुश होकर खायेंगे
ऊपर गायेगी कोयल
हम नीचे उसे बुलायेंगे।

कोयल, कोयल, सच बतलाओ
क्या संदेशा लायी हो
बहुत दिनों के बाद आज फिर
इस डाली पर आयी हो।

क्या गाती हो किसे बुलाती हो
कह दो कोयल रानी
प्यासी धरती देख माँगती हो
क्या मेघों से पानी।

अथवा कड़ी धूप में हमको
दुखी देख घबराती हो
'शीतल छाया भेजो' यह
बादल से कहने जाती हो।

रामायण की कथा

आज नहीं रुक सकता अम्माँ
जाऊँगा मैं बाहर
रामायण की कथा हो रही
होगी सरला के घर।
मेरे ही आगे उसके घर
आया था हलवाई
पूजा में प्रसाद रखने को
वह दे गया मिठाई।
पूजा हो जाने पर बँटता
है प्रसाद मनमाना
चाहो तो प्रसाद लेने को
माँ तुम भी आ जाना।
क्या कहती हो अभी धूप है
अभी न बाहर जाऊँ
यह क्या माँ, जब अभी
जा रहे थे काका जी बाहर
तब भी तो थी धूप गये थे
वे भी तो नंगे सर।
उन्हें नहीं रोका था तुमने
मुझे रोकती जातीं
यही तुम्हारी बात समझ में
कभी न मेरे आती।

वे किसलिए कचहरी में माँ
रोज धूप में जाते
कुछ भी उन्हें न कहतीं वे तो
बहुत शाम को आते।
मैं जब कभी काम पड़ने पर
भी हूँ बाहर जाता
नहीं शाम भी होने पाती
जल्द लौट कर आता।
तब भी मुझको रोका करतीं
माँ तुम कितनी भोली
नहीं खेलने जाता हूँ मैं
गुल्ली डंडा गोली।
काका जी की तरह न अम्माँ
देर लगाऊँगा मैं
कथा हुई फिर क्या, प्रसाद
लेकर आ जाऊँगा मैं।
तो घंटा बज उठा, हो गयी
अम्माँ मुझको देरी
वह देखो, आ रही बुलाने
मुझको सरला मेरी।

पानी और धूप

अभी अभी थी धूप बरसने
लगा कहाँ से यह पानी
किसने घड़े फोड़ बादल के
की है इतनी शैतानी।
सूरज ने क्यों बन्द कर लिया
अपने घर का दरवाजा
उसकी माँ ने भी क्या उसको
बुला लिया कह कर आ जा
जोर जोर से गरज रहे हैं
बादल हैं किसके काका
किसको डाँट रहे हैं किसने
कहना नहीं सुना माँ का।
बिजली के आँगन में अम्माँ
चलती है कितनी तलवार
कैसी चमक रही हैं फिर भी
क्यों खाली जाते हैं वार।
क्या अब तक तलवार चलाना
माँ वे सीख नहीं पाये
इसीलिए क्या आज सीखने
आसमान पर हैं आये।
एक बार भी माँ यदि मुझको
बिजली के घर जाने दो।

उसके बच्चों को तलवार
चलाना सिखला आने दो।
खुश होकर तब बिजली देगी
मुझे चमकती सी तलवार
तब माँ कोई कर न सकेगा
अपने ऊपर अत्याचार।
पुलिसमैन अपने काका को
फिर न पकड़ने आयेंगे
देखेंगे तलवार दूर से ही
वे सब डर जायेंगे।
अगर चाहती हो माँ काका
जायें अब न जेलखाना
तो फिर बिजली के घर मुझको
तुम जल्दी से पहुँचाना।
काका जेल न जायेंगे अब
तुझे मँगा दूँगी तलवार
पर बिजली के घर जाने का
अब मत करना कभी विचार।

खिलौने वाला

वह देखो माँ आज खिलौने वाला
फिर से आया है
कई तरह के सुन्दर सुन्दर
नये खिलौने लाया है।
हरा हरा तोता पिंजड़े में
गेंद एक पैसे वाली
छोटी सी मोटर गाड़ी है
सर सर सर चलने वाली।
सीटी भी है कई तरह की
कई तरह के सुन्दर खेल
चाभी भर देने से भक भक
करती चलने वाली रेल।
गुड़िया भी है बहुत भली सी
पहिने कानों में बाली
छोटा सा टी सेट है
छोटे छोटे हैं लोटा थाली।
छोटे छोटे धनुष बाण हैं
हैं छोटी छोटी तलवार
नये खिलौने ले लो भैया
जोर जोर वह रहा पुकार।
मुन्नू ने गुड़िया ले ली है
मोहन ने मोटर गाड़ी

मचल मचल सरला कहती है
माँ से लेने को साड़ी
कभी खिलौने वाला भी माँ
क्या साड़ी ले आता है।
साड़ी तो वह कपड़े वाला
कभी कभी दे जाता है
अम्माँ तुमने तो ला कर के
मुझे दे दिये पैसे चार
कौन खिलौना लेता हूँ मैं
तुम भी मन में करो विचार।
तुम सोचोगी मैं ले लूँगा
तोता, बिल्ली, मोटर, रेल
पर माँ, यह मैं कभी न लूँगा
ये तो हैं बच्चों के खेल।
मैं तलवार खरीदूँगा माँ
या मैं लूँगा तीर कमान
जंगल में जा, किसी ताड़का
को मारूँगा राम समान।
तपसी यज्ञ करेंगे, असुरों
को मैं मार भगाऊँगा
यों ही कुछ दिन करते करते
रामचन्द्र बन जाऊँगा।
यही रहूँगा कौशल्या मैं
तुमको यहीं बनाऊँगा।
तुम कह दोगी वन जाने को
हँसते हँसते जाऊँगा।
पर माँ, बिना तुम्हारे वन में
मैं कैसे रह पाऊँगा।
दिन भर घूमूँगा जंगल में
लौट कहाँ पर आऊँगा।
किससे लूँगा पैसे, रूठूँगा

तो कौन मना लेगा
कौन प्यार से बिठा गोद में
मन चाही चीजें देगा।
कौन कहानी सुना रात को
अपने पास सुलायेगा
गरम गरम फिर कौन सबेरे
ताजा दूध पिलायेगा।
माँ के बिना राम इतने दिन
कैसे रह पाये वन में
अपनी माँ की याद न उनको
क्या आती होगी मन में।
लो अम्माँ, वन के झगड़े में
चला गया ठेले वाला
अब न बनूँगा राम, उन्होंने
मुझको घाटे में डाला।

कोयल

कोयल इतना भेद बता दो
यह अपनी मीठी बोली,
जिसे सुना कर तुमने सारे
आमों में मिश्री घोली।
यह मिठास तुमने अपनी
अम्माँ से ही पायी होगी,
अम्माँ ने ही मीठी मीठी
बोली सिखलायी होगी।
इसीलिए तो तुम जादू सा
हम सब पर कर जाती हो
कुहू कुहू कर डाली डाली पर
खुश होकर गाती हो।
कोयल अब तुम घर को जाओ
अम्माँ घबराती होगी
बार बार वह तुम्हें देखने
द्वारे तक आती होगी।
शाम हुई हम भी जाते हैं
तुम भी तड़के आ जाना
हम खेलेंगे यहाँ डाल पर
बैठी बैठी तुम गाना।

कदम्ब का पेड़

यह कदम्ब का पेड़ अगर माँ
होता जमुना तीरे
मैं भी इस पर बैठ कन्हैया
बनता धीरे-धीरे।
ले देतीं यदि मुझे बाँसुरी
तुम दो पैसे वाली
किसी तरह नीची हो जाती
यह कदम्ब की डाली।
तुम्हें नहीं कुछ कहता पर मैं
चुपके चुपके आता
इस नीची डाली से अम्माँ
ऊँचे पर चढ़ जाता।
वहीं बैठ फिर बड़े मजे से
मैं बाँसुरी बजाता
अम्माँ अम्माँ कह वंशी के
स्वर में तुम्हें बुलाता।
सुन मेरी वंशी को माँ तुम
कितनी खुश हो जातीं
मुझे देखने काम छोड़ कर
तुम बाहर तक आतीं।
तुमको आती देख बासुँरी रख
मैं चुप हो जाता

एक बार माँ कह पत्तों में
धीरे से छिप जाता।
तुम हो चकित देखतीं चारों
ओर न मुझको पातीं।
तब व्याकुल सी हो कदम्ब के
नीचे तक आ जातीं।
पत्तों का मर मर स्वर सुन जब
ऊपर आँख उठातीं
मुझे देख ऊपर डाली पर
कितना घबरा जातीं।
गुस्सा होकर मुझे डाँटती
कहतीं 'नीचे आ जा'
पर जब मैं न उतरता हँस कर
कहतीं मुन्ना राजा।
नीचे उतरो मेरे भैया
तुम्हें मिठाई दूँगी।
नये खिलौने माखन मिश्री
दूध मलाई दूँगी
मैं हँस कर सबसे ऊपर की
टहनी पर चढ़ जाता
पत्तों में छिप कर धीरे से
फिर बाँसुरी बजाता।
बहुत बुलाने पर भी माँ जब
मैं न उतर कर आता
तब माँ, माँ का हृदय तुम्हारा
बहुत विकल हो जाता।
तुम आँचल पसार कर अम्माँ
वहीं पेड़ के नीचे
ईश्वर से कुछ विनती करतीं
बैठी आँखें मीचे।

तुम्हें ध्यान में लगी देख मैं
धीरे धीरे आता
और तुम्हारे फैले अंचल
के नीचे छिप जाता।
तुम घबरा कर आँख खोलतीं
पर माँ, खुश हो जातीं
जब अपने मुन्ना राजा को
गोदी में ही पातीं।
इसी तरह कुछ खेला करते
हम तुम धीरे धीरे
यह कदम्ब का पेड़ अगर
माँ होता जमुना तीरे।

पतंग

बनिये की दुकान पर अम्माँ
आये हैं पतंग इतने।
एक नहीं, दो नहीं, सुनो माँ
उतने तारे हैं जितने॥
लाल लाल हैं, हरे हरे हैं,
पीले और चाँद-तारा।
धेले वाला भी पतंग माँ
लगता हमें बहुत प्यारा॥
पैसे वाला ले दो माँ
या धेले वाला ही ले दो॥
क्यों देर करती जाती हो
उठो चलो पैसा दे दो॥
वह देखो वह रामा मुन्नू
लाये हैं पतंग कैसा॥
माँ वे हमें चिढ़ायेंगे यदि
ला न सकेंगे हम वैसा॥
जो तुम अम्माँ देर करोगी
पतंग न हम ले पायेंगे।
सब लड़के खरीद लेंगे माँ
हम यों ही रह जायेंगे॥
तुम तो नहीं समझती हो माँ
पतंग और मंझे की बात।

घर में बैठी बैठी जाने
क्या करती रहतीं दिन रात॥
आओ चल कर बाहर देखो
उड़ती है पतंग कितनी।
कभी न देखी होंगी तुमने
उड़ती एक साथ इतनी॥
अब हम रह न सकेंगे अम्माँ
हम भी पतंग उड़ायेंगे।
पैसा हमें न दोगी तो हम
रोयेंगे चिल्लायेंगे॥

बाँसुरी वाला

अम्माँ मुझे बाँसुरी ले दो
मैं भी उसे बजाऊँगा।
ग्वाले का कुछ काम नहीं है
मैं ही गाय चराऊँगा॥
गोरा हूँ तो हर्ज नहीं माँ।
मोर मुकुट वंशी वाला।
बन जाऊँगा हाथ लकुटिया
लेकर वह कम्बल काला॥
जिसे धूप में बिछा बैठकर
कभी कभी लिखती हो तुम॥
गैया दुहती हुई यशोदा
मैया सी दिखती हो तुम॥
चुन्नी चम्पा कल्लू बुटरा
बन जायेंगे गोपी ग्वाला।
माँ, तुम मही बनाना
माखन मुझे खिलाना मिश्री डाल॥
यों ही कुछ दिन करते-करते
ज्यों ही कुछ बढ़ पाऊँगा।
बैठ किसी रथ पर गोकुल से
मैं भी मथुरा जाऊँगा॥
जो लड़ने आयेंगे कुश्ती
में मैं उन्हें हरा दूँगा।

मार कंस मामा को असुरों को
भी खूब डरा दूँगा॥
पर माँ एक बात बतलाओ
क्या मामा मथुरा में है?
कंस सरीखे वे भी क्या माँ
सचमुच बहुत बुरे से हैं?
मामा बुरे न होंगे तो मैं
उनसे मिलने जाऊँगा।
और जरूरत समझी तो कुछ
गीता उन्हें पढ़ाऊँगा॥
कहा अजय ने वंशी ले
वंशी वाले बन जाओगे।
किन्तु कंस को गीता का तुम
कैसे पाठ पढ़ाओगे?
अर्जुन को भगवान कृष्ण ने
तभी सुनायी थी गीता।
जब कौरव की सभा बीच थीं
लायी गयीं सती सीता॥
चीर खींच कर दुःशासन ने
उनको बहुत सताया था।
तभी कृष्ण ने अर्जुन को
गीता का पाठ पढ़ाया था॥
जीजी बोलीं—पगले हो तुम
इसका तुमको ध्यान नहीं।
किसने गीता किसे सुनायी
इतना भी तो ज्ञान नहीं॥
सीता तो थी रामायण में
रामचन्द्र जी की रानी।
चीर द्रौपदी का खींचा था।
दुःशासन ने अभिमानी॥
इस पर कौरव पांडव ने की

जब लड़ने की तैयारी।
बने सारथी अर्जुन के रथ
पर थे गोवर्धनधारी॥
देख सामने रिश्तेदारों
को जब अर्जुन घबराये।
बोले मैं न इन्हें मारूँगा
राज्य मिले या मिट जाये॥
काम बिगड़ता देख कृष्ण ने
गीता उन्हें सुनायी थी।
यों भाई के हाथों भाई
की हत्या सिखलायी थी॥
मोहन मुरली वाले चाहे
दोनों भाई बन जाना।
किन्तु स्वार्थ के लिए
न भाई से भाई को लड़वाना॥

मुन्ना का प्यार

माँ, मुन्ना को तुम हम सबसे
    क्यों ज्यादा करती हो प्यार?
हमें भेज देतीं पढ़ने को
    उसका करतीं सदा दुलार॥
उसे लिये रहतीं गोदी में
    पैरों हमें चलाती हो।
हमें अकेला छोड़ उसे तुम
    अपने साथ सुलाती हो॥
उसके रोने पर तुम अपने
    काम छोड़ कर आती हो।
किन्तु हमारे रोने पर तुम
    कितनी डाँट लगाती हो॥
माँ, क्या मुन्ना ही बेटा है
    हम क्या नहीं तुम्हारे हैं?
सच कह दो माँ, उसी तरह क्या
    तुम्हें नहीं हम प्यारे हैं?
तुम भी बेटे हो मुझको तो
    सभी एक से प्यारे हो।
सभी हृदय के टुकड़े हो
    सब मेरे राज दुलारे हो॥
किन्तु बड़े हो तुम्हें बोलना
    बातें करना आता है।

इसीलिए यों बात बात पर
रोना नहीं सुहाता है॥
रोना अच्छा नहीं तुम्हें यह
बहुत बार बतलाया है।
पर छोटे मुन्ना को बोलो
किसने यह सिखलाया है॥
माँ मैंने तो छोटे मुन्ना
को भी यह बतलाया है।
रोना बहुत बुरा है भैया
बहुत बार समझाया है॥
किन्तु किसी दिन भी अम्माँ वह
रोये बिना नहीं सोता।
सोकर जब उठता है तब भी
कितना मचल मचल रोता॥
देखो अब भी तो रोता है
आँसू से मुँह गीला है।
मुन्ना कहना नहीं मानता
माँ, वह बहुत हठीला है॥
रोने पर भी मुन्ना को
करती हो माँ, बहुत दुलार।
हम रोते हैं कभी कभी तो
हमको क्या न करोगी प्यार॥

अजय की पाठशाला

उस दिन पहले पहल अजय जब
पढ़ने गये पाठशाला।
उन्हें गुरु जी ने घर भेजा
पहना फूलों की माला॥
पूछा गया नाम तब बोले
मुझे बड़े भैया कहते।
घर में भी हम नहीं खेलते
सारे दिन पढ़ते रहते॥
शाम हुई जब घर को लौटे
पट्टी प्रवेशिका लेकर।
स्वागत में उनके उत्सुक सा
खड़ा हुआ था घर का घर॥
खाने की भी नहीं रही सुध
बैठ गये पुस्तक लेकर।
बोले-पढ़ता हूँ न छेड़ना
कोई भी बाधा देकर॥
माँ ने कहा–दूध तो पी लो
बोल उठे–माँ रुक जाओ।
वहीं रहो पढ़ने बैठा हूँ
मेरे पास नहीं आओ।
है शाला का काम बहुत सा
माँ उसको कर लेने दो॥

ग म भ लिख-लिख कर अम्माँ
पट्टी को भर लेने दो॥
तुम लिखती हो हम आते हैं
तब तुम होती हो नाराज।
मैं भी तो लिखने बैठा हूँ
कैसे बोल रही हो आज?
क्या तुम भूल गयीं माँ पढ़ते
समय दूर रहना चाहिए।
लिखते समय किसी से कोई
बात नहीं कहना चाहिए॥
यों ही धूम रही दो दिन तक
खूब हुआ लिखना पढ़ना।
याद आ गया किन्तु तीसरे
ही दिन पेड़ों का चढ़ना॥
बोले माँ पढ़ लिया बहुत-सा
आज न शाला जाऊँगा।
फूल यहाँ भी बहूत लगे हैं
माला एक बनाऊँगा॥
यहाँ मजे में पेड़ों पर चढ़
बिही तोड़ कर खाता हूँ।
माँ, शाला में बैठा-बैठा
मैं दिन भर थक जाता हूँ॥
बैठूँगा मैं आज पेड़ पर
पहने फूलों की माला।
माँ, मत शाला भेज
इकट्ठा मैंने सब कुछ पढ़ डाला॥

कुट्टी

मोहन से तो आज हो गयी
है मेरी कुट्टी अम्माँ।
अच्छा है शाला जाने से
मिली मुझे छुट्टी अम्माँ॥
रोज सबेरे आकर मुझको
वह शाला ले जाता था।
दस बजते हैं इसी समय तो
वह अपने घर आता था॥
मोहन बुरा नहीं है अम्माँ
मैं उसको करता हूँ प्यार।
फिर भी जाने क्यों हो जाया
करती है उससे तकरार॥
यह क्या ! कुट्टी होने पर भी
वह आ रहा यहाँ मोहन।
आते उसको देख विजयसिंह
हुए बहुत खुश मन ही मन॥
बोले—कुट्टी तो है मोहन
फिर तुम कैसे आये हो।
फूल देख उसके बस्ते में
पूछा यह क्या लाये हो॥

चलो दोस्ती कर लें फिर से
दे दो हमको भी कुछ फूल।
हमें खिला दो खाना अम्माँ
अब हम जायेंगे स्कूल॥

सभा का खेल

सभा सभा का खेल आज हम
खेलेंगे जीजी आओ।
मैं गांधी जी, छोटे नेहरू
तुम सरोजिनी बन जाओ॥
मेरा तो सब काम लँगोटी
गमछे से चल जायेगा।
छोटे भी खद्दर का कुरता
पेटी से ले आयेगा॥
लेकिन जीजी तुम्हें चाहिए
एक बहुत बढ़िया सारी।
वह तुम माँ से ही लेना
आज सभा होगी भारी॥
मोहन लल्ली पुलिस बनेंगे
हम भाषण करने वाले।
वे लाठियाँ चलाने वाले
हम घायल मरने वाले॥
छोटे बोला देखो भैया
मैं तो मार न खाऊँगा।
मुझको मारा अगर किसी ने
मैं भी मार लगाऊँगा॥
कहा बड़े ने छोटे जब तुम
नेहरू जी बन जाओगे।

गांधी जी की बात मान कर
क्या तुम मार न खाओगे॥
खेल-खेल में छोटे भैया
होगी झूठ-मूठ की मार।
चोट न आयेगी नेहरू जी
अब तुम हो जाओ तैयार॥
हुई सभा प्रारम्भ कहा
गांधी ने चरखा चलवाओ।
नेहरू जी भी बोले भाई
खद्दर पहनो पहनाओ॥
उठ कर फिर देवी सरोजिनी
धीरे से बोलीं बहनो।
हिन्दू मुस्लिम मेल बढ़ाओ
सभी शुद्ध खद्दर पहनो॥
छोड़ो सभी विदेशी चीजें
लो देशी सूई तागा।
इतने में लौटे काका जी
नेहरू सीट छोड़ भागा॥
काका आये काका आये
चलो सिनेमा जायेंगे।
घोरी दीक्षित को देखेंगे
केक मिठाई खायेंगे॥
जीजी चलो सभा फिर होगी
अभी सिनेमा है जाना।
आओ खेल बहुत अच्छा है
फिर सरोजिनी बन जाना॥
चलो चलें अब जरा देर को
घोरी दीक्षित बन जायें।
उछलें कूदें धूम मचावें
मोटर गाड़ी दौड़ावें॥

नटखट विजय

कितना नटखट मेरा बेटा।
क्या लिखता है लेटा लेटा॥

अभी नहीं अक्षर पहचाना।
ग म भ का भेद न जाना॥

फिर पट्टी पर शीश झुकाये।
क्या लिखता है ध्यान लगाये॥

मैं लिखता हूँ बिटिया रानी।
मुझे पिला दो ठंडा पानी॥